贖罪　殺人は償えるのか

藤井誠二　Fujii Seiji

a pilot of wisdom

仏に逢《お》うては仏を殺し、祖に逢うては祖を殺し、羅漢に逢うては羅漢を殺し、父母に逢うては父母を殺し、親眷《しんけん》に逢うては親眷を殺して、始めて解脱を得、物と拘《かか》わらず、透脱自在なり

（逢仏殺仏、逢祖殺祖、逢羅漢殺羅漢、逢父母殺父母、逢親眷殺親眷、始得解脱、不与物拘、透脱自在）

『臨済録』

はじめに　加害者からの手紙

この本は殺人などの罪を犯し刑務所に服役中の男性と私が、五年以上にわたって文通をした記録がベースになっている。「受刑者」と表記するのではなく、何の罪もない他者の命を奪った「加害者」と記したほうがわかりやすいかもしれない。面識のない人を因縁をつけて暴行、死に至らしめた殺人犯である。

その加害者と私は、彼が服役中に己の罪と向き合って考えたことを中心にやりとりしてきた。呻吟《しんぎん》し、胸懐にしまい込んできた「償い」や「謝罪」、「反省」、「更生」、「贖罪《しょくざい》」といったものに対する念や思考を彼は堰《せき》を切ったように伝えてきた。

私は十数年にわたって犯罪被害当事者や被害者遺族、一方で加害者や加害者家族などをライフワーク的に取材してきた。その中で本書に登場する加害者の男性と知り合うことになる。

加害者が国家から受ける罰とは別の、それ以上に大切でおこなわなければならない営為とは何だろうか——。それを彼は考え続けてきた。私はどちらかというと「聞き役」だった。相手からできるだけ許多の言葉を引き出すために、私はどんな問いかけ——あえて取材とはいわない――ができるのだろうかと試行錯誤の繰り返しでもあった。

受刑者との手紙のやりとりは、受刑者がリストに「登録」をして、刑務所サイドがそれを認可した者に限られる。もちろん、双方からの手紙には内容の「検査」がある。この本をあなたが手に取ってくれた今も、手紙のやりとりは続いているだろう。

名前は水原紘心《みずはらこうしん》(仮名)という。年齢は現在、三〇代。懲役二十数年の長期有期刑に服している。長期刑受刑者とは八年以上の懲役を務めている受刑者を指し、八年に満たない者は短期刑受刑者という。

仮名は彼自身で決めた。自身への戒めとして「更生」の「更」の音を使いたいと考えたという。姓のほうにはとくに意味がない。もちろん私は本名を知っている。

水原が服役中に考えてきたことを世に送り出すことで、社会にとって何らかの役に立つのではないか、というのが本書を編んだ動機である。罪を犯そうとしている一歩手前にいる者たち、すでに悪事に手を染めている者たちの心のブレーキになってほしい――そう言い出したのは水原である。

当初、その話が持ちかけられてからもしばらく、私は水原とやりとりした言葉を世に広く問うつもりはまったくなかった。

しかし、やはり世に届けるべき意味があるのではないかと、だんだんと私が気持ちを変えていったのは、他者の命を理不尽に奪った者が、自己をつくり変えようとし、「贖罪」とははたして何かを考え抜き、もんどりうつように毎日、懊悩《おうのう》を続けている様に触れ続けたからだった。とくに犯罪被害者遺族の声を書物を通じて読み込み、被害者や被害者遺族の絶望について想像を深めている様が私の背中を押したのかもしれない。

その様は季節の移ろいのように色合いが変わったが、迷いは決心にもなり、その決心もまた揺らいで、ばらばらになってしまいそうなときもあった。

彼がいつの日か仮釈放になるか、満期出所になるかはわからないが、それまでも、それ以降も「いかに生きればいいのか」という己を責め抜くような自問自答は止《や》めていないことを願いながらこの本を編んだ。

被害者や被害者遺族への償いや向き合い方、自身の家族に「加害者家族」という烙印《らくいん》を押した責任から逃げない、と何度も伝えてきたことに嘘《うそ》はないと思いたい。

まず最初に、水原からの手紙にあった一節を紹介する。

服役後、ご遺族側の代理人弁護士を通じて、ご遺族に謝罪を受けていただけるか確認をとってもらったところ、受け取っていただけるとのことでしたので、謝罪文と作業報奨金から数万円をお送りしました。

その年から毎年お送りしようと考えていたのですが、翌年申し出たところ「今後一切、謝罪などは受けない」との旨を受けました。


被害者遺族は、加害者が歪《ゆが》んだ「被害者性」を抱いてしまい、出所後に何らかの報復をしてくるのではないかということを恐れ、加害者からのコンタクトを拒絶することが一般的だ。反省や謝罪の「形ばかり」の言葉の虚《むな》しさを遺族は覚え、遠い先とはいえ報復があるかもしれない、と。「殺された側」の心情としては当然である。

時間の経過は傷を癒やすと一般的に考えられているようだが、それは思い込みに近い。時が経《た》つにつれ、傍目《はため》には通常の社会生活を送れているように見えるときもあるが、心の傷は変わらないか、複雑に形を変えているか、より深くなっている。

加害者の出所が近づくにつれ、恐怖は増してくるという言葉を私は多くの遺族から聞いてきた。極刑が確定する加害者はごく一部だから、大半の被害者遺族は加害者の社会復帰まで心身は安定せず、むしろ悪化することも多い。むろん、社会復帰後も同じである。いつかは被害者遺族の心に安寧が訪れるというのは、社会一般が抱いている一方的なファンタジーにすぎないと私は思う。

凶悪事件の加害者の「謝罪の言葉」は、場合によっては被害者遺族にとって凶器に転じる。いかように美辞麗句が並べられていても、信じることができない。それほど、被害に遭うことは言葉への信頼を失うことをも意味する。「加害」という行為が前提にある以上、加害者から被害者や被害者遺族に向けられた謝罪の言葉は無化している。嘘と虚飾でまみれていると感じられるのは当然である。「嘘に決まっている」、「気持ちがこもっていない」と殺された側の遺族が感じるときの怒りや虚しさ、落胆は想像を絶する。

ともあれ、水原は一切のコンタクトを絶たれ、それ以来、手紙を出す——被害者遺族の弁護士経由——こと自体が「二次被害」となると彼は判断し、長い間、獄の中で懊悩して紡ぎ出した思索を言葉にして誰かに伝えることはなかった。いくら贖罪の念を持ち、具体的に言葉を探す営為を続けようとも、謝らなければならない相手から謝罪することを拒否されている。

殺人事件の被害者遺族と、加害者である水原自身との間で一切のコンタクトができない。それが今の水原に突きつけられている「現実」である。水原は懊悩をより深くしていったが、それでも己を問い詰めること、自分を変えようとすることを諦めなかった。

水原と長い期間やりとりをしていると、遺族に拒絶をされたことが、自身の心の深淵《しんえん》を注意深く観察し、贖罪とは何かを考える、より強いトリガーになったのではないかとさえ私には感じられた。

思えば、被害者や遺族に拒絶されることは当然なのだ。そこから加害者の「贖罪」の第一歩が始まるのだとすれば、水原はゼロ地点に立ち続けてきたということにもなる。

この本は水原はもちろん、犯罪加害者を庇《かば》おうとする目的でもなければ、批判する趣意で書いたものでもない。加害者が服役という時空の中でため込んだ言葉の数々に、数年にわたる文通という手法でただ向き合った記録を淡々と記した。

水原が手紙の文章を何度も書き直したことは便箋の痕からわかった。手紙は一回につき便箋七枚までと決められているから、長くなる場合は二通に分けて届いた。繰り返すが、刑務所には受刑者宛てに届く手紙も、受刑者が発信する手紙も「検査」がある。

水原は塀の中で思慮を重ねた上で悔恨を書き綴《か　つづ》ってきたが、ときに凶悪事件を起こして服役している他の受刑者の様子も観察し書き送ってきた。彼らの受刑生活の中で交わされている会話が手に取るようにリアルにわかった。

たとえば、彼らの大半は思考停止のような状態にあり、何も「反省」しておらず、被害者や被害者遺族のことはとうに忘れ、自己を改善する意思すらないこともわかった。それどころか、「被害者のせいで自分はこんなところにいるんだ」という逆恨みのような歪んだ「被害感情」すら抱いている者もいるという。水原の起こした事件の被害者遺族が恐れているのは、まさにそのケースだ。

人の命や人生を奪っておきながら、服役することが「贖罪」と考え、ただ仮釈放だけを考えている受刑者がほとんどを占めていることを、リアルに塀の中から伝えられると悪寒が走った。真人間に生まれ変わり、被害者遺族に対する「贖罪」とは何か、ということを一生を通して考え続けていこうとしているのは残念ながらごく一握りの者だけのようだ。が、それも塀の外に出たら続行される保証も担保もない。あくまでも拘禁された特殊状況下での心の持ちようにすぎないのかもしれない。

服役は謝罪や贖罪ではない。法で決められた罰にすぎず、被害を受けた側にはなんの関係もない。

国家からは罰を受けつつ、被害を与えた人々には償う努力を続けなければならないのではないか。

このことは刑務所の中でも、私を含めた社会一般でも、意外なほど理解されておらず、懲役＝償いと勘違いされているのではないか。

それは勘違いというレベルではなく、もはや大きな間違いである。「罰」は本来の「償い」や「贖罪」とは質も次元もまったく異なるものなのだ。

＊手紙の引用は、文意や読みやすさなどを考慮して表現・表記等を一部改めた場合がある。また、引用中の〔　〕は藤井による補足である。

＊敬称は略している場合がある。

目次

第二章　祈り

「被害者の視点を取り入れた教育」
加害者の状況は被害者や遺族には伝わらない
「被害者の視点を取り入れた教育」への具体的な意見
加害者だからこそ加害者へ伝えられること
ある被害者遺族の言葉
幸せと償いは同じ方向性?
「俺は何をしてんだろう」

第三章 夢

事件当時の自分と向き合いたい
池田小殺傷事件とグリーフケア
さまざまな被害者遺族の言葉
マンガを読んで反省できるか?
事件後の被害者と遺族のゆくえ

第五章　贖罪

贖罪は幻想か？
終わりなき自問自答
賠償金の「逃げ得」を防ぐために
欲望と感情から、思考へ
自分は善く変わり続けられるだろうか？

読書で言葉を獲得した後に
刑務官の「オヤジ」から教わったこと
二人の同囚
房の中で知己を得ること
厳罰の抑止力と死刑について
被害者遺族と加害者家族
心情等伝達制度

第一章　獣

見知らぬ人物からの手紙

二〇一九年の某日。

出版社経由で私宛てに見知らぬ人物から手紙が届いた。几帳面《きちょうめん》なクセのある文字で綴られた手書きの便箋に目を落とすと、いきなり目に飛び込んできたのは次の一節だった。


「ある者が殺人の罪を犯したならば、彼は死ななくてはならない。この場合に正義を満足させる為《ため》に何らの代償物もない」とカントは言います。端的かつ簡素に述べられており、それだけに考えさせるものがあります。

正直、はじめはそんなふうに考えておらず、被害者に対しても〝死なせてしまった〟と考えていました。ですが、それは違い、自分が〝殺した〟のです。そして、それに相応《ふさわ》しい罰は〝死〟です。

今、自分がこうして生きていることはそれと矛盾していますし、今の自分の日々の生活を思えば、相応しい罰は〝死〟などと言うのは後ろめたさがありますが、それが見合った罰と考えます。


差出人は水原紘心（仮名）。

彼が引用していたのは一八世紀のドイツの哲学者イマヌエル・カントの著作『人倫の形而上学』の一節だが、刑務所の書架にあった「官本」で読んだらしい。カントは刑罰論で同害報復の原理を主張しており、死刑制度を肯定している。彼がカントに倣ったかどうかはわからないが、自分は死刑になるのが本来ならふさわしいと述べているのである。

他にも、自分に対する切歯扼腕《せっしやくわん》というしかない言葉が並んでおり、激しい反省と後悔と自己の否定、被害者への謝罪が読み取れた。

ボールペンで書いた強い筆圧の文字を、便箋に横書きで刻む音が私には聞こえてくるようだった。水原の声にならない嗚咽《おえつ》や歯ぎしり、心臓の鼓動までが聞こえてきそうな気がした。

のちに水原から教えられたことだが、官本は各工場に二〇〇冊ほどあり、一カ月ごとに半数が入れ換わり、所内全体で数千冊ある。カントの『純粋理性批判』のような難解な哲学書はごく一部で、ほとんどが哲学を絡めた仕事や対人関係、生き方の啓発本の類いで、水原は、「内面に目を向けるようになってから哲学関係の本を読むようになり、一時は『嘘をつくことは悪か』なんてことを考えてました。その後『ハーバード白熱教室講義録』(マイケル・サンデル著)を買い読んでいると(10年近く前です)、ちょうどカントが『嘘はいけない』と言っていました。定言的道徳原理から行為の帰結によらず『嘘はいけない』との論に『なるほど、そうだ、そうだ』と首肯しておりましたが、ややフレキシビリティーに欠けるのかななんて今では考えもします」なのだそうだ。

基本、官本はオールジャンルが揃《そろ》えられているそうで、水原によれば、「小説、ノンフィクションが多く(5割ほど)、哲学、啓発、歴史、経済、宗教、科学などが1～2割で、官本の利用率は100パーセントです。上記ジャンルをさまざま読み(啓発本が多いです)、常に何かしら借りています。ここでは月7冊、本の購入ができるのですが、自分は領置金(自分のお金です)がないので、なるべく官本で済ますようにしています。領置金があればここにない本など、もっとたくさん読みたいのですが、作業報奨金を使って買うのはなるべく控えています」とも綴っていた。

水原は刑務所に収容されてから、かなりの読書家になったことは間違いなかった。それは最初に私が受け取った手紙の文面からもそう感じられた。

水原は何の関係も面識もない男性の命を奪った。殺人罪以外にも複数の罪で二〇年以上の長期有期刑に服していることは「はじめに」に書いた。

私が水原と手紙のやりとりを始めるようになったのは、やはり「官本」として刑務所に並べ置かれている拙著『殺された側の論理―犯罪被害者遺族が望む「罰」と「権利」』（講談社、二〇〇七年）を彼が読み、感想を出版社経由で送ってきたのがきっかけである。

感想は主に、犯罪被害者や遺族の気持ちを知り、その気持ちを初めて深く受け止めることができるようになってきた、という趣旨だった。犯罪被害者の思いを知り、自身の悔恨の念をより深めた、というのだ。

感想とともに、今後できれば手紙のやりとりをしてほしい旨の申し出が書き添えられていた。刑期の半分も務めていない、塀の内側にいる自分にできる「贖罪」とは何だろうか考えたい。いや、はたして「贖罪」などありえるのだろうか。赦《ゆる》されることなどないのだろうが、少しでも犯罪被害者や被害者遺族の気持ちや言葉、置かれている状況を知りたい――大雑把にいうと水原はそう申し出てきた。

私はその生真面目な文体に驚きながらも、どこかいぶかしく思った。「美文」すぎたからだ。受刑者が書く「美文」。こう書けば受け入れられるのではないかと、彼が刑務所で得た語彙を駆使して書いたのだろうという思い込みが私にはあった。

差出人の本名をインターネットで検索してみると、事件の概要はすぐにわかった。私はその事件のことを知らなかったが、世間で言われるところの「有名事件」ではなく、メディアも後追いした形跡はなかった。

「実在」の人物から手紙が届いたことは確認できたが、私の根が疑い深いせいか、事件の詳細をもっと知りたくなったと同時に、水原からの手紙には何か「裏」があるのではないかと思い気持ちが晴れなかった。

手紙の文章の几帳面さには瞠目《どうもく》したが、服役者が発信する手紙も、服役者宛てに届く手紙類も「検査」されるから、仮釈放を意識して、反省深い模範的受刑者ぶりを刑務所側にアピールするのが目的ではないかと疑ったのだ。

長期刑受刑者とはいえ、日本の矯正行政は仮釈放を視野に入れて機能している。有期刑の場合、法律上は刑期の三分の一（無期刑については一〇年）を過ぎれば仮釈放の対象になる。仮釈放は地方更生保護委員会に対して被害者や被害者遺族が意見を述べられることを定めている。昨今、被害者の権利が重視されるようになっているから、かつてより仮釈放のハードルがはるかに高くなっているのは当然である。ましてや殺人という凶悪犯罪である。私の取材したケースでは全部、遺族が満期までの収容を申し入れ、それが認められた。

返信で私は、事件のことをインターネットで知り得たと書き、当該事件の加害者かと問うと、水原はそれを認め、事件の詳細を書き送る手紙がすぐに何通も送られてきた。

私は念には念を入れて、水原から聞き出した、水原を担当した弁護士にも会いに行った。忙しさを理由に何度も取材をしぶられたが、なんとか時間をとってもらうことができ、その弁護士が弁護を担当した事件の加害者が水原であることは間違いないことがわかった。

弁護士は水原のことを記憶はしていたが、検察官の起訴内容については、死因に異議を唱えた以外、犯罪事実は検察の起訴内容を認め、大きく争うことはしなかったという。その弁護士は日々膨大な刑事事件をこなしているため、事件の詳細については記憶が薄れるのは普通のことなのだろう。話すことはとくにないよ、というそっけない態度だった。

が、しつこく聞いてみると、逮捕時、反省の「は」の字もなく、できるだけ刑期を短くしたいという気持ち程度しかない、荒《すさ》みきった青年だった、という印象を思い出してきた。人生なんかどうにでもなれ、という気持ちだったのだろうか。

水原は公判廷で検察官の読み上げる起訴内容を聞き、弁護士の指示に従った。控訴はせず、罪は確定、長期の服役に入った。

私はさらに念のため水原に対する判決文を入手した。そこには間違いなく彼が犯した行為の詳細が記されていた。愚かで非道な水原の姿がそこにあった。まるで、獣のような感性の人間が煙草《たばこ》でも吸うように人を殺したかのようだった。

定型化された謝罪と、法廷での詐術

一般的に加害者から被害者への手紙は、そこに綴られている――定型化された謝罪と悔恨の言葉に満ちている――内容は「言葉」を使って成り立っていることは確かにせよ、その言葉の真意や実態がどのようなものかは書いた当人にしかわからない。当人もわかっていないケースもあるのだろう。

言葉は字面上の「言葉」でしかなく、それが真の意味を成しているのか、形骸化しているのかどうかは受け取った側が解釈するしかない。

一般的には刑事裁判が始まった頃に加害者から「謝罪文」が届くことが多く――むろん、出さない場合もある――その手紙を被害者が受け取るなどすると、情状面で有利に働く可能性がある。

加害者の手紙を受け取ったということは、刑事裁判で自分が反省していることを被害者も受け入れていると刑事弁護人が裁判官へ主張することが多いからだ。

だいたいのケースでは刑事弁護人からうながされる――文面まで考えることもある――ことが多いと私は思うが、被害者や被害者遺族は受け取りを拒否することが多い。ちなみに出所後も受け取らない遺族――被害者の代理人弁護士預かりにしておくケースもある――もいる。

「情状」とは一般的に被告人の背景や心理状況などを考慮するために、量刑などに影響を与えるさまざまな要素を指す。「情状酌量」とはよく聞く言葉だし、「情状証人」として加害者の親族や、弁護人が指定した精神科医——情状鑑定のために——などが出廷することもある。

加害者からの手紙を受け取った被害者は、言葉の意味以上の「何か」を同時に受け取っている、と私は思う。

言葉を超越した何かがまとわりついている。被害者や被害者遺族＝殺された側にしかわかり得ないものが、言葉の上に覆《おお》い被《かぶ》さっている。ゆえに「謝罪文」の言葉の羅列や字面をその通りに解釈する被害者はいない。

私も言葉に携わる仕事の末端にいる者として、こう実感している。人は言葉によって生かされも、殺されもする。言葉は諸刃《もろは》の剣であり、生きる力を与えるものでもあるし、生きる力を削《そ》ぐ暴力性をはらんだものにもなる。人はいかなることがあろうと、それでも言葉によって何かを伝え、伝えられ、生きるしかない。

私は取材者として、被害者や被害者遺族と加害者との言葉のやりとり——あるいは一方通行——に数多く接してきて、そこにおうおうにして立ち現れる期待と憤怒《ふんぬ》、虚妄が入り交じった虚しい空気を嫌というほど感じてきた。

刑事や民事の法廷で、「一生をかけて償います」という加害者の言葉は数えきれないほど耳にしてきた。損害賠償請求事件で、被告となった我が子を庇い、法律上は賠償責任を問われない親や保護者も「償い」を手助けしていきます、と裁判長に誓う光景も見飽きるほど目にしてきた。

虚《うつ》ろな目をして、しおらしく、憔悴《しょうすい》しきったていで裁判長に対してこうべを垂れる。被害者側のほうに一礼をした光景を私は見たことがないが、いずれにせよ、残念ながら、その約束が守られた話はまず聞いたことがない。

法廷での言葉は、その場限りの嘘や詭弁《きべん》そのものだった。そのときだけの、量刑を下げるためだけの「詐術」といってもいい。それぐらい、その場面での言葉の重力は軽い。

私は、そう法廷で約束をしたはずの加害者当人や家族にその後取材をずいぶん続けたが、逃げ回るか無視された。ときに「連絡してくるな」「オマエに関係ない」と逆ギレされたこともあり、「謝罪」の言葉のあまりに耐えられない空洞ぶりにそのたびに驚いてきた。

謝罪の言葉が本心から発せられたかどうかを、第三者が詮索するのはあまり意味がない。肝要なのは被害者や被害者遺族がそれをどのように受け止めるかに尽きる。ちなみに、被害者や被害者遺族が加害者からの手紙に返事を出すことはきわめて稀《まれ》なことである。

更生教育の一つとして、ロールレタリングという、たとえば「被害者から自分へ」とか「親から自分へ」と仮定して、相手になりかわって手紙を書かせる方法があるが、それを指導する心理学者や法務教官などの専門家が「この受刑者は心底反省している」と判断したとしても、それは「獄」の中という特殊な状況下であり、被害者遺族がそれを読むことができるわけでもない。

そもそも凶悪事件の被害者や被害者遺族は一般的に、加害者からのコンタクトを拒絶する。絶望のあまり「言葉」を聞くことや読むことができない。

時が止まっているようで当時の記憶がない、という言い方をよく被害者遺族から聞くが、それは返す言葉も奪われている感覚に近いのだろうと思う。加害者という、被害者や被害者遺族にとっては悪魔としか思えない人間から届く声に耳を傾けられるはずがない。被害に遭うということを、単に絶望とか憎悪という言葉に置き換えてわかったような気になるのは間違っている。

加害者によって言葉を聞く気力を奪われ、思考が停止してしまう。ゆえに記憶が抜け落ちる。被害者や被害者遺族は怒りの塊というようなステレオタイプのイメージが世にはびこっているが、事件のせいで、同時に生きる力も奪われていることを忘れないでほしい。

水原から私に宛てられた手紙はいつも、懺悔《ざんげ》と後悔、己を呪う言葉、そして何よりも被害者と被害者遺族への贖罪の言葉――手紙一通につき限られた便箋七枚以内――を目一杯綴っていた。書き足りないときは、もう一つの封筒に便箋を入れてきた。何度も書き直した形跡のわかる文章だった。几帳面なクセのある文字からは、考えつくされた気のようなものが発せられているように感じられて、私は少しずつ水原の内面に興味を持つようになっていく。

私たちは「罪を償う」ことの意味を考えているか

「贖罪」とは、ときに軽々に使われる、手垢《てあか》がついた言葉だが、キリスト教の教えで犠牲や代償を払って罪を贖《あがな》うことを意味する宗教用語である。キリストが十字架で殺されたことで、全人類を神に対する罪の状態から贖った行為をいう。ちなみにユダヤ教でも「贖罪の日」というのが定められており、こちらも神と人間の関係の中で定められた同義の意味である。

善行を積む、金品などで自分の犯した罪を償うことや、罪滅ぼしをおこなうことと一般的には解釈をされているが、反省や更生と混同されて使われることもあり、定義は曖昧である。「旧約聖書」詩編には、「魂を贖う値は高く永久に払い終えることはない」と書かれているが、つまり罪を贖うことなど不可能で、人を殺《あや》めた者は生きている限り反省や謝罪を続けるしかないという意味である。

私も含めたメディアの人間は何かの「事件」を取材し、記録し、書き、語り、伝えるとき、犯罪被害者や被害者遺族への「贖罪」という言い方を頻繁に使ってはいないだろうか。それで起承転結をつけた気になり、悦に入ってはいないだろうか。「償い」や「反省」、「更生」といった言葉ともごちゃまぜにしてこなかっただろうか。

私が犯罪被害者遺族の方々からよく聞いたのは「命は返ってこないのだから、贖罪なんてありえない」という言葉だった。その通りだと思う。

が、それに反比例するように、「贖罪」という「美しい」言葉は世間で一人歩きする。なぜだろう。本来の意味からすればそれはたやすいものであるはずがなく、「贖罪」が字面通り、罪を償うという言い方に置き換えられるのだとしたら、私たちの社会はそれをたやすく使いすぎている。メディア人は思考停止していないか。まるで凶悪事件の裁判ニュースの終止符のように使っているだけで、「償う」という果てしない、終わりのない営為について思いを馳《は》せたことがあるだろうか。

刑期をつとめ上げる、命令された賠償金を支払う――実際にはほとんどが踏み倒しているが――という行為は法＝国家の秩序を乱したことについて決められた「罰」や、命の代償として民事裁判で定められたもので、被害を受けた側にとっての償いではなく、ましてや贖罪とは何の関係もない。

被害者や被害者遺族は少しでも重い罰を望むが、加害者が「贖罪」をするように生まれ変わってほしいという「思い」をめったに口にしないのは、贖罪に期待などしていない証《あかし》でもある。

生きて社会で償わせるという言い方が主に矯正や法曹の業界では一般的によくされると感じるが、それは加害者側の代弁者が具体性や計画性もなく使うことが大半だろう。あくまで減刑を目的とした机上の空論に近いものだと、私は取材を通じて思い知らされてきた。「贖罪」にはそもそも定義もないし、凶悪犯罪を犯した加害者が「社会で償っていく方法」を、刑務所内で日々思慮するように積極的にはたらきかけているとは考えられない。

私自身も犯罪被害者や遺族報道にコミットしてきた取材者として、「贖罪」という言葉について、軽々に安易な使い方をしてこなかったかという慙愧《ざんき》の念に常に苛《さいな》まれるようになった。贖罪の意味をさまざまな深度で理解できるのは、被害を受けた側だけではないのか。私は水原から手紙をもらうたびに混乱し、懊悩の淵《ふち》を歩く気分になった。

「はじめに」で触れたように、水原自身も被害者遺族から連絡を受けることを拒絶されており、心の中で芽生えた言葉や思考をどう表に向かって「伝えて」いけばいいのか、にっちもさっちもいかない精神状態の只中《ただなか》にいた。

そんな折に私の作品を読んだのだ。私はこれまでに十数冊の「犯罪被害者遺族」に関するノンフィクションや対話本を記してきたが、同時に「加害者」といわれる人間が書いた謝罪の言葉も数えきれないぐらい読み、リアルに聞いてきた。

しかしそれらは、「加害者」の逮捕後のたちふるまい——尋問や被害者からの質問に対して真面目に答えなかったり——と相俟《あいま》って、まったく信用するに足らないものにしか思えなかった。むしろ憎しみさえ芽生えた。「謝罪」はそもそも加害者に語彙が極端に少ないということもあるのだろうが、杓子《しゃくし》定規で幼稚な、心のこもっていない、その場限りの取り繕いにしか思えなかった。私でさえそう感じたのだから、被害者や被害者遺族からしてみれば、その怒りと落胆は想像を絶するものであったはずだ。

受刑者の処遇指標

水原からの手紙は、刑務所の中で読んださまざまな本で吸収した言葉が自由に操られ、考えてきたことが率直に述べられていた。古今東西の本を読み、語彙を得ることが、ここまで思考の深度と関係するのかということを発見した者の喜びが行間から感じられた。

彼は被害者や被害者遺族の声を学んでこなかったことを悔いていて、この先、私が記録してきた被害者や被害者遺族の言葉や思いを少しでも多く吸収したいようで、さまざまな質問を繰り返してきた。私も水原の意図をはかりかねることがしばしばで、往復書簡といえども対面で話をするより、互いにいろいろな疑問を引き出せた関係に近いものだった。

水原は犯罪被害者や犯罪被害者遺族のことを知りたがったから、水原が読んだという拙著の他にも、「官本」の棚には揃えられていない、私が犯罪被害者遺族のことを記録した本や、遺族本人が書いた手記を差し入れ続けた。ときには「犯罪白書」や「被害者白書」など官製の冊子も所望されたので差し入れた。

中には、「検査」で引っかかり、水原に配達されていないものもあった。どういう基準で可否を決めているのか詳しいことはわからないが、「更生」に役立つと刑務所が判断したものであればいいはずだった。ちなみに配達されなかった本は、送り主である私に返送されてきたことがない。

私は水原の本音や内面をどこかつかみきれないまま、手紙のやりとりを続けてきたように思う。

受刑者は処遇指標によって収容する刑事施設を分けられる。

Aは「犯罪傾向の進んでいない者」、Bは「犯罪傾向の進んでいる者」、Wは「女子」、Fは「日本人と異なる処遇を必要とする外国人」、Iは「禁錮受刑者」、Jは「少年院への収容を必要としない少年」、Lは「執行すべき刑期が一〇年以上である者」、Yは「可塑性に期待した矯正処遇を重点的に行うことが相当と認められる二六歳未満の成人」、Mは「精神上の疾病又は障害を有するため医療を主として行う刑事施設等に収容する必要があると認められる者」、P

は「身体上の疾病又は障害を有するため医療を主として行う刑事施設等に収容する必要があると認められる者」と法務省は定めている。

たとえばLB指標とは、右記のLとBを足した要素を持つと判断された受刑者たちが収容されている刑務所ということになり、犯罪傾向の進んだ無期懲役や長期刑を受けた者が収容される。また、LAは、長期で犯罪傾向の進んでいない者ということになるが、暴力団員は初犯でもBに分類される。ちなみに「死刑」は死刑の執行自体が刑罰なので、執行されるまで刑務所ではなく拘置所に留め置かれ、国家に縊《くび》り殺されるまで日々を過ごすことになる。水原は刑期が一〇年を大きく超えているが、暴力団員ではない。彼がどの指標の刑務所に収監されているのかも、書かない約束だった。

私は事件を起こすまでの水原の生活が気になり、何回もやりとりをする中で少しずつではあるが彼の事件前の生活を把握していった。

事件を起こす前の加害者

某日。水原からの手紙。事件を起こす前の自分について振り返っている。

犯罪を犯した頃の自分の生活ですが、逮捕されるまで本当にめちゃくちゃな生活をしていました。10代の頃から典型的な非行に走り、万引きからはじめ窃盗、傷害、恐喝などを日常的に繰り返していました。バイクを乗りまわし仲間とつるみ、悪事を働くことがある種のステータスと考えていました。初めはあったためらいや罪悪感なども、犯行を重ねるうちに次第に薄れていきました。

仕事は、16歳のとき高校を中退し、それから途中やめたりもしましたが、4～5年程、建設業をやっていました。

逮捕前は定職にはついておらず、違法な高利貸、いわゆるヤミ金などをやっていました。乱暴な言い方ですが、あの頃は本当に人生を、世の中をナメていました。人の痛みを考えたりすることなどなく、そこにあるのは、ただ己の利益のみで、己の欲望の赴くままに行動し、極めて刹那的な生活をしていました。そのような生活から罪に対する感覚は完全にマヒしており、いつか犯罪に手を染めてしまうかもしれないという逡巡《しゅんじゅん》はなかったのです。

〔藤井からの質問の〕そのときの自分に対する言いたいことというのは見つかりません。あのように乱れた生活をしていたので、それを思うと、遅かれ早かれ同様の事件を起こしていたように思います。

答えになっていないかもしれませんが、何も考えずに犯行を犯してしまったときの自分というよりも、あの頃の自分に「本当に情けない。どうして自分さえよければいいとしか考えないのか。人の痛みを知れ」と言いたいです。

この手紙にある「犯罪」とは人を殺めてしまうほどの凶悪で修復不可能な性質のものである。

自分はこのままでいいのか

私は事件について質問を重ね、事件の詳細をつかんだ。その上で、水原が自分を変えたいと思うに至った過程と、その折々に迷い込んでいる思考について尋ねていった。水原は単調で命令と規則に縛られ受動的にならざるを得ない刑務所生活の中でも考えることを止めず、常に動的な思考の中にいることは毎回よく伝わってきた。

今回の事件は突発的なものではなく、10代の頃から窃盗や傷害、強盗などを繰り返していました。

初めはあった罪悪感も罪を重ねるとともに次第に薄れていき、その後は完全にマヒしていました。仮に今回事件を起こしていなかったとしても遅かれ早かれ、同様の事件を起こす要因は多々ありました。今は逮捕されてから10年程経ちましたが、服役当初、大変なことをしてしまった、申し訳ないことをしてしまったと思いつつも、行動は伴っておらず、〔刑務所の〕職員の指示も聞かず表面的な反省をしていました。

しかし、服役してから2、3年経ったあるとき、俺はこのままでいいのだろうか、と自分に強い疑問を抱きました。そしてこれまでの自分を振り返り、その来し方に思いを巡らせたとき、このままじゃダメだと強く思いたち、反省や更生、償いについて深く考えるようになりました。

とは言え、初めは自己陶酔的な反省、罪悪感を払拭したいがための反省をしていたように思います。今の反省が深いとは言いませんが、数年程前から反省とは、更生とは何か、償いとは何かと本当に真剣に考えるようになり、少しずつですが言動に移すようになりました。

突然というより、それまでに刑務官らとの毎日のコミュニケーションや読書などの体験が実を結ぶように水原の内面で発芽をしたのかもしれない。この特定の本を読んだから、とか、そのような雷の落ちるような決定的なものはないようだった。自分は変わらなくてはいけないのではないかという「自問自答」は、雪が降り積もっては溶け、また降り積もるようにして輪郭を成していったのか。

私は水原に対して、事件当時は他者や自己の生死についての実感が完全に麻痺《まひ》しているような精神状態にあったのではないか、と問うたことがある。ちなみに水原は、心神喪失も心神耗弱も刑事裁判の際に主張をしていない。起訴前も本鑑定も含め、あらゆる段階で精神鑑定を受けていない。するとこんな返事が返ってきた。

まさに「生」に対しての感覚がマヒしておりました。お手紙を受け、それから〈自分の生い立ちについて〉何度も考えました。

幼い頃は泣き虫で人見知りをし、いつも母の後ろに隠れているような子でした。また、落ち着きがなく、じっとしていることができませんでした。

この頃から自分の思いや気持ちを伝える、表現するということが苦手で、内にためこみ、かんしゃくをよく起こしていました。

友だちと些細《ささい》なことで口ゲンカをし、ときには手を出すこともありました。また我慢することができず、「あれしたい」「これ欲しい」と思うと、頭の中がそれでいっぱいになります。

すぐ調子にのり、悪ふざけもいきすぎ、窓ガラスを割ったり、物を壊したり、ケンカになったりということも少なくありませんでした。

14歳のとき、初めて万引きをしました。すごく緊張したのを憶《おぼ》えています。3〜4回目に見つかりましたが、警察には通報されず、学校に連絡がいきました。

その後しばらくはやめましたが、少しするとまた友人とお菓子や本などを万引きするようになりました。この頃は万引きだけでしたが、友人が先輩と付き合うようになり、自分も一緒にタバコ吸ったり、夜、家を抜け出したり、原付を乗りまわすようになりました。

高校は、偏差値の低いいわゆるヤンキーやギャルといったのが多くいるような学校（公立）に行きました。


典型的な転落の道程を水原は通ってきたようだった。お決まりの先輩・後輩の絶対的服従関係にどっぷりと浸かっていた。

私はこの「悪のループ」とも言いたい環境から抜け出す気持ちがあるかどうか、このままでは自分はだめになってしまうという悪循環から抜け出そうとするかが、大事な分かれ道だと思っている。水原の場合、善意の第三者の介入の機会はなかったようだ。それが悔やまれた。

性格や気質も関係があるが、この泥沼のような環境から距離を置くことができるかどうかが、その後の人生の鍵になる。理不尽な、とくに地元の先輩・後輩関係が多くの犯罪の温床になっていることは、数多くの若年犯罪を取材してきて痛感している。加害者の少年期や青年期の話を見聞きしていて、第三者が介入するならば、このタイミングだといつも思う。

加えて水原はこうも綴っていた。


その頃、友人を介して一つ上の先輩と付き合うようになり、毎日のように呼び出されたり、カンパがまわってくるようになりました。

カンパは先輩の遊ぶためや生活費などのためにまわってくるもので、仲間数人で分割し、家族に無心したり、友人に借りたりして払ってました。また、電話に出なかった、来るのが遅いなどの理由で殴られることもありました。

上下関係は厳しく、先輩の存在は絶対的なものでした。暴走族を少しやってましたが、先輩の暴力やカンパなどはこの世界では当たり前のことだと思ってました。それに加え、断るとブッ飛ばされる、地元にいられなくなるなどの思いから、従っていました。

そして昼間は仕事をし、夜は仲間とバイクを乗りまわしたり、公園などで何をするでもなくたまってました。この頃になると、バイクの窃盗、ケンカ、カツアゲなど、万引きもＣＤやゲーム、靴や服とエスカレートしていきました。

建設業をやりながら20歳ぐらいまでそんな生活が続きました。

17歳くらいの頃から不良（暴力団）とも付き合うようになりました。

20歳をすぎても定職にはつかず建設業、ヤミ金などをして生活しており、そうして事件を起こしました。

鑑別所や少年院の経験はありません。

10代の頃は悪さをするのがステータスと思っていました。そして仲間と一緒に悪さをすることで一体感も感じてました。また、物自体が欲しいのではなく、スリルを求めていたり、遊びの一つとしてやってるときもありました。

ただ誰かれ構わず殴ったり、物を盗んでたわけじゃなく、普段は街で子連れの方や年配の方がいればドアをおさえますし、困っている人がいれば声をかけます。

子どもやお年寄りは好きです。近所の人にも明るく挨拶したり、人あたりのいい面もありました。普段はそういう面もあるのです。

ですが、欲や感情が絡むとダメなのです。自分の思い通りにならないと気がすまなかったり、欲や感情が湧くと頭がそれでいっぱいになります。今さえよければよく、後先を考えずに行動します。

これらの要因の一つは、想像力の欠如です。自分の行動や発言がどういう結果を起こすのか、周りにどういう影響を与えるのか、そして、それをされた人がどういう気持ちになるのか、そういうことを考えることができなかったのです。

また極めて外罰的思考で、原因はいつも自分ではなく、他人や状況にあった〔あると思いこんでいた〕のです。自分がどういう行動をとり、どんな言葉を発しているのか、そういうことを省みることがなかったのです。

〔事件を起こす前に〕たとえば、捕まったら家族を悲しませる、お金をとられた人が困るといった考えが少しでも頭をよぎっていたら違っていたかもしれません。

警察に捕まるという観念自体もありませんでした。もちろん、それは悪いことであり、見つかれば捕まることは理解しており、捕まらないために工作もしましたが、自分が捕まることは考えもしなかったのです。これも想像力の欠如と慣れによるものでした。

水原は「想像力の欠如」という言葉を頻繁に使っていた。医療少年院などに勤務経験がある宮口幸治の『ケーキの切れない非行少年たち』（新潮新書、二〇一九年）には次のように書かれている。

「見えないものを想像する力の中で大切なものに〝時間の概念〟があります。時間の概念が弱い子どもは〝昨日〟〝今日〟〝明日〟の3日間くらいの世界で生きています。場合によっては数分先のことすら管理できない子どももいます。（中略）目標が立てられないと人は努力しなくなります。努力しないとどうなるでしょうか。二つ困ったことが生じます。一つは、努力しないと成功体験や達成感が得られないため、いつまでも自信がもてず、自己評価が低い状態から抜け出せないことです。もう一つは、努力しないと〝他人の努力が理解できない〟ことです」

「男らしさ」という歪んだ価値

某日。水原からの手紙。

当時のことについてですが、お手紙を読んでから改めて何度も考えました。性格、生活、環境の3つの観点から考案しますと、まず当時の性格は顕著なところとして忍耐力がない、気が短い、小心、流されやすいという点が挙げられます。

自分の思い通りにならないと気がすまない。周りの人が持っている物を自分も欲しがる、誘われると断れない。何か欲しい、やりたいと思うと頭がそのことでいっぱいになります。

本来、気が弱く、小心なんだと思います。だから少しでも自分を大きく見せようと虚勢、威勢を張っていました。仲間といるときは「別にビビってないぞ」とばかりにふるまっていました（悪さをするときなど）。また、当時はそんな意識はありませんでしたが、今思うと、仲間内でふざけたり、はしゃいだりしているとき、その中にとけ込もうとしていたようにも思います。

「自分」というものがなかったんですね。

口べたで、自分の気持ちや思いを伝えるのが苦手で人見知りも激しかったです。怒りや喜びなど感情が伴うときなどは自然と口に出るのですが、まじめな話や重たい話をするときなどは言葉に詰まり、早口になり、ときにどもることもあります。

人ごみがダメで、祭りやデパートなどでは動悸《どうき》がし視界が遠くなりました。慣れているところならまだ平気なのですが、初めてのところはダメでした。

生活面では、10代の頃は建設業をやっており、仕事が終わったら仲間と集まるという生活をほぼ毎日していました。バイクに乗り、公園、コンビニにたまり、酒を飲み、何をすることもなく集まっていました。その中でも地元の先輩と交わるようになり、バイクや車の窃盗、日常的な万引き、ひったくりなどをするようになりました。当時の先輩の存在というのは絶対的なものでした。呼ばれればすぐに行かなければならないし、命令は絶対でした。

バイク盗《と》ってこい、いつまでにいくら集めろ、あの本、あのゲームを持ってこい、という中で必要に駆られ、悪さをしていました。拘束時間も長く、自分の時間はほとんどありませんでした。そこらへんの上下関係や少年心理というのは藤井さんもよくご存じのことと思います。

水原が自らを縛りつけていた荒んだ風景が目に浮かぶ。「夢」や「目標」を持とうにもどうすればいいかわからない、焦燥感。抜け出す道をサジェストしてくれる他者も不在。いたとしても、たぶん彼は受け入れなかっただろう。

同じような環境の者だけがたまれば水は淀《よど》むが、やがてその水の中が自分の居場所と思えるようになってくるから厄介だ。そこで歪んだ善悪の価値観が醸成されていく。


はじめは必要に駆られイヤイヤやっていたものの、そのうちに自身の欲のため、遊ぶ金欲しさに悪さをするようになりました。さらには半分遊び感覚でやるようにもなりました。仲間でグループに分かれ誰が一番多く盗れるか、どれだけお金を盗れるかなどを競ったりもしました。その場のノリ、ひまつぶしでやることもありました。

環境面はやはり先輩との関わりが大きく、あれこれ使われ、何かあれば殴られるという世界の中で価値観は形成されていきました。

以前、少しお話ししましたが、電話に出ない、呼び出しに応じない、口のきき方が悪い、嘘をつくといったことなどでブッ飛ばされるのは普通でした。理解に苦しまれるかもしれませんが、電話に出ない→殴るというのは短絡ではなく、それはその世界では論理なのです。

交友関係でも付き合いがあるのは悪さをしている連中でした。同級の悪さをしていない普通の生活をしている人との付き合いはほとんどありませんでした。

以上を勘案しますと、自分はこれまでに単に環境の影響が大きいと考えていたのですが、根底にある自身の性格が色濃く関係していることに気がつきました。

たとえば、仲間と悪さをしていたことで「マヒ」していたと表現していましたが、そのときの深層心理に目を向けてみると仲間との一体感を求めていたり、悪さをすることがステータスと考えているところがありました。ではなぜ、ステータスと考えていたのかと掘り下げると、そこに「男らしさ」という歪んだ価値を見いだしていたのです。そしてそれは、元来、小心である自分を取り繕うという威勢を張るために「男らしさ」を求めており、さらには自分には自信がないから、仲間にとけ込むために、という心理が働いていたのかもしれません。わかりませんが、自信のなさやある種の不安が根底にあったのかもしれません。

おそらくはじめはそういった心理のもと犯行を重ねていったのだと思います。そして回数を重ねるうちに緊張感や罪悪感は快楽に取ってかわられ、罪に対する意識は低下していきました。

水原の自己分析は取り立てて特別なものではない。男性加害者のほとんどにはこのような傾向が肥大化しており、その自意識はコントロールできないほど自分を支配しているからだ。

殺人に躊躇《ちゅうちょ》はあった

某日。水原はこう綴ってきた。事件を起こすことに迷いや逡巡はなかったとはっきりと告白してきた。当時の自分の内面を水原は冷静に見つめていた。

事件を実行するにあたって逡巡は寸ほどもありませんでした。これもなぜ逡巡がなく、踏みとどまることができなかったのかを掘り下げてみると、欲の処理プロセス、思考プロセスの問題がありました。

欲が起きるとそのことで頭がいっぱいになるとお話ししましたが、多くの人は自身の能力、環境、収入の範囲内で日常のさまざまな欲をうまく処理していくと思いました。値の張る物であれば、お金をためる、あるいは類似品で安価な物にする、はたまた諦める、人にイヤな思いをさせるかもしれないと、我慢や欲の分散、対象から意識を逸《そ》らすなどの欲のコントロールをするわけです。

でも自分は何かを「欲しい」、何かを「やりたい」となったら、その欲をコントロールするという思考がなく、今すぐ欲しい、今すぐやりたい、となっていたのです。そこへもって、それまでの犯行の積み重ねから「欲しい」→「奪えばいい」と極めて短絡的になっていた思考プロセスが「欲」と最悪の形で結びついていたのです。

しかし、殺人については躊躇があったというのだ。暴行を加えたあと、救急車を要請するなど救護措置をしなければ、という思いが一瞬でも脳裏をかすめていたら、被害者の命は助かったかもしれない。被害者をそのまま放置したがゆえに水原の人生は変わった。その理性をかろうじて維持する一線とは何なのだろうか。

お手紙に「人の命や人生を奪うことに対する恐れがなかった理由を今どう考えるか」というご質問がありましたが、それについてはマヒしておらず、正常な感覚は残っていました。当時、人の命を奪うことに関しては理性が働いていました。「さすがにまずい」と本能レベルでの反射です。バレたらやばいとかの打算的なものではなく。

こうして考えながら書き、書きながら考えていますと改めて発見がありました。藤井さんの度重なる質問がなければ目を向けることはなかったかもしれません。

理性は残っていたというが結果は取り返しのつかないものになった。私は、『加害者臨床を学ぶ―司法・犯罪心理学現場の実践ノート』（金剛出版、二〇一九年）を差し入れた。水原の思考をさらに耕すことにつながるのではないかと思ったからである。

門本《かどもと》泉《いずみ》という、主に刑務所などで鑑別（臨床）をしていた人の書いた論文集なのだが、数多くの臨床経験から導き出された説は説得力がある。その本から引用したい。

「まず、準備性である。『魔がさす』という表現がある。『出来心だった』『うっかりして』『軽い気持ちで』といった表現もあるが、いずれも要は、事件の当事者には準備性がなかったことを示している。これは、人々の怒りを和らげ、起訴を免れたり減刑されたりすることにつながる場合がある。実際、少年鑑別所に入った非行少年や刑務所の受刑者たちも強調したがる点だ。他方、計画性があったとなると、悪質性はぐっと増す。その人物は、いくらでも踏みとどまる機会があったのにしなかったわけで、許されない行ないを自分の意思の下に、いわば計算ずくで実行したということになる」

「事件を振り返ることには、自分の罪に向き合い、重い罪を背負っていくには弱すぎる自分を見つめなければならないという危険がある。ゆえに、非行少年や犯罪者のなかには、しばしばこれに対する『抵抗』が生じる。事件について考え、認め、語ることは、自分の一番嫌な部分を意識し、さらすことになるため、彼らにとって間違いなく苦しい作業である」

これについてはとくに水原からは反応はなかった。頭を抱えて考え込む水原の姿が目に浮かんだ。他にも私はいろいろな本を差し入れ感想を請うたが、同じように返答がなかったことがたまにあった。適当で無難な感想を書き送ってこない姿勢は、私にいっそう興味を抱かせた。

逮捕時の状況

私は逮捕当時の記憶について水原に質問を重ねた時期がある。逮捕時の状況を覚えていないというケースもあるかもしれないが、それをわざと取り調べや法廷などではっきりと証言しないケースや、ごまかしたりするケースは被害者や被害者遺族の感情を逆撫《さかな》でする。

たたみかけるような検察官からの厳しい追及に、被告人の思考や発語を観察していると、たいがいはしどろもどろになり、検察官の描いたシナリオに乗せられていっているな、と感じさせる場面を多く見てきたが、それは普段から気持ちや感情の機微を言葉にすることをしていないせいもあるのだろう。弁護人が幾度も異議をはさんでも、裁判官はそれを毎度認めるわけではない。

水原は逮捕時の状況について説明をしてくれた。半ばパニック状態になっていたともいえるが、かすかな正気を取り戻した瞬間ともいえないだろうか。

家で目を覚まし何となしにテレビをつけると、被害者の方の遺体が発見されたというニュースがやってていたのです。

「えっ!?」と画面を見つめたまま何が起きたのか理解できませんでした。「えっ!? なんで!?」と一瞬、心臓を刺すような衝撃が走りました。

すぐに携帯を手にとると、友人からの着信がたまっていた。すぐにかけ直したが電源が入っていなかった。今まさに警察に事情を聴かれているのではないか……。自分は追い詰められている。それは確かだとわかった。心臓が口から飛び出すほど鼓動し、真っ暗闇に落ちていきそうな感覚と吐き気に襲われた。

このままじゃパクられると思いました。どうしようかと焦りながら知人に電話をし、迎えに来てもらい、家を抜け出しました。

〔知人の〕車の中で事件のこと、事件を知っている者は身柄を取られていることを話しました。「何やってんだよ」と呆《あき》れながら彼は言い、「このままパクられるか、逃げるしかないぞ」と話をしました。彼の家に泊めさせてもらい「パクられたくない。かと言って逃げるとなれば家族や友人と縁を切らなければならない」とそんなことを考えながら数日過ごしました。

そしてあれこれ考えた末（この間、被害者の方のことは一度も考えていませんでした）逃げるのはやめようと思い、刑事に電話をし「これから実家に戻るから家族と話す時間をくれ」と話をしました。実家に向かいました。実家につくと刑事がいました。家族と部屋で話をして詫《わ》びました（どういう会話をしたか思い出せませんが、嘆く家族の姿だけが浮かびます）。

最初は逃げおおせたいという考えしかなかったことがわかる。それよりも驚くべきは、人を殺した後に「日常」に普通に戻っていたことである。殺人という行為に手を染めたことが、水原の心身から切り離されていたようだ。警察官と話したときも、逃げるのを諦めたという感覚だったのだろう。

先に書きました逮捕時の状況ですが、取り調べのときには刑事には逃げていたことは話しませんでした。逃げていたと話すのはうまくないと思い、実家に行くまでの間（家を抜けてから）街にいたと話をし、調書もそのようにまきました。家で被害者の方のニュースを見て、どうすればいいのかわからず街をぶらついていたと話をしました。

水原は警察で嘘をついていたことを私に書き送ってきた。ちなみに「まく（巻く）」という表現は「供述調書をとる・とられる」と、捜査現場で使われる独特の言い回しである。取り調べの段階ではことの重大さを認識できていないようだった。裏づけが取りようがない事実は警察は追及せず、供述そのままであることが多い。むしろ、供述内容を作文し、「こういうことだな」と確認をするだけのこともある。

被疑者はろくすっぽ聞いていなかったり、いいかげんに答えたりする。連日の取り調べで疲弊しており、供述するのが億劫《おっくう》になっていることも少なくない。この調書がのちのち刑事法廷で重要な役割を果たすことなど、被疑者は予想しないだろう。法廷で「警察や検事の調書と言っていることが違いますね」という裁判官のつっこみは数えられないほど聞いた。

自分も取り調べで調書をまくとき、都合の悪いところは表現を濁しました。逆にオーバーに調書をまかれることもありました。ニュアンスが違うんだけどなあと思いつつも、大筋では正しいので「こういうことだろ」と言われ、「ああ、そうですね」と。被告側はオブラートで包み、刑事・検事はより悪質に見えるよう調書をまきます。

この時点では、水原は自分の行く末すら考えていない。観念して警察官の前へ自分から姿をあらわしたものの、取り調べでは適当にごまかしたり、嘘をつくなど、反省の「は」の字もない。もちろん、自分が殺した被害者のことも脳裏から消えている。自分の人生も消えている。事件を起こしてしまって運が悪かったというぐらいの認識だったのだろう。

ブレーキにはならなかった母親への思い

某日。少年期や青年期のことを語る水原は、家族についても書いてきた。最初の頃は家族について書くことをためらう感じを私は受けていたが、私はしつこく問い続けた。すると、あるとき、母親に対する悔悟の念がわき上がったように書き綴ってきた。

この頃、守るものはありました。母や姉、弟もいました。家族に手をあげることはありませんが、いつも自分勝手なことをして悲しませてばかりでした。

家族とは仲が良いわけではありませんが、悪いわけでもありませんでした。母は常に自分を犠牲にして自分たち子どものことを育ててくれました。思えば、あの頃は兄弟の中で自分が一番、母と一緒にいる時間が長かったように思います。10代の頃、母と普通に話しますが、母と仲良くするのは格好悪い、ダサイといった思いがあり、嫌いじゃないけど、距離感がつかめませんでした。

申し訳ないと思いながらも注意されると「うるせえな」「わかってるよ」と強く反抗し、夜中にたまっていく母からの着信履歴を見ては〝しつこい〟と腹を立ててました。

小さい頃からいつも母に頭を下げさせており、女手一つで育ててくれた母を男である自分が守らなければならないのにめちゃくちゃな生活をしていました。成人もし、これからは母を支えていかなければならないのに、このような事件を起こしてしまったのです。


母親は情状証人として法廷に立たされることになる。言い方を変えれば加害者家族だ。母親にしてみれば針の筵《むしろ》に座らされるような心中だったろうが、そのときの母親の姿を水原はどう見ていたのだろうか。


公判時の母の話ですが、正直、その言葉をあまり憶えてはいません。母が法廷に立ったときは、本当に苦しく、その姿を直視することができませんでした。

先ほど、母の言葉を憶えていないと言いましたが、公判記録を取得し、目を通してから当時の母の言葉は少しずつ蘇《よみがえ》ってきています。母に辛《つら》い思いをさせ、そして、それらを口にさせた我が身を呪わずにはいられません。

どうして今だったら母を法廷に立たせることはしないのかについてですが、母をあんなところに立たせたくないからです。

また、母はあんなところに立つために自分を育ててきてくれたわけじゃありませんし、成人もした自分のしたことですから、これ以上、迷惑をかけたくない、苦しめたくないというのがその思いです。


水原にとって母親の存在はかけがえのないものだったが、真逆の態度をとっていた。しかし、後悔先に立たず、母親への思いは防波堤にはならなかった。

私はこんなことを書き送った――人並みの人間関係が母親と築けていなかったのではないかと思っていました。友人など他者との関係性はとても希薄だったのだろうとも思います。結果的にあなたは母親の人生を大きく狂わせてしまったわけですが、母親の存在は事件を起こす前にブレーキにはならなかったのですか？――。

母の存在についてですが、あの頃にはブレーキにはなりませんでした。正確には、そこに目を向けることができなかったのです。事前に少しでも母たちのことを考えることができていたら、あるいはブレーキになっていたかもしれません。事件前も事件後も、事件が母に与える影響のことを考えたり、捕まったりしたら悲しませるということを考えることはありませんでした。

今回の事件だけでなく、これまで多くの悪さをしてきた中で、母のことを思い、逡巡したということはありませんでした。母に対して悪いという思いや、後ろめたさはありましたが、いつも自分の欲が先でした。

〔自分の日々の行いについて〕母に悪い、すまないという思いはありましたが、それらは一過性のもので、自身の欲や快楽を満たすためだけに行動を起こしていました。当時は母親と仲良くするなんて格好悪いという思いがありました。そういうこともあり母との距離感や向き合い方がわからないというところもありました。

そして当時の心境をこうも振り返る。心境というより、当時の性格だ。

自分の感情や欲が絡むと、そのことで頭がいっぱいになってしまっていたのです。まわりが見えなくなり、我慢することもできませんでした。

社会にいた頃の自分を省みると「ちょっと」考えればわかることは身のまわりにずいぶ

んとありました。事の善悪や人の思い、生活の中でのさまざまなシーンでのことなど。しかし、その「ちょっと」考えることができませんでした。

気づいてしまうと「何でこんなことに気がつかなかったのか」と思うのですが、それが中々に気づけなくて、自分の場合、その「気づけなかった」ことがあまりにも致命的でした。

「加害者家族」のゆくえ

私は東野圭吾の文庫版の『手紙』（文春文庫、二〇〇六年）を水原に差し入れたことがある。私もかつて読んでいたが、水原との文通を始めてから読み直した。殺人を犯した兄とその弟。弟は加害者家族となり、学校に通うこと、進学や就職、恋愛など、日常生活のあらゆる面でそれが明らかになり、障害となる。兄の存在は弟の人生の足を引っぱり、弟は兄を「邪魔」に感じるようになる。

水原の母や家族も「加害者家族」として、社会の偏見や差別の目に遭ってきたのだろうか。あるいは出所後、自身を待ち受けるであろうそれらの現実に思うことはあるか、と私は質問したことがある。

東野圭吾さんの『手紙』、十数年前に読んだ記憶があります。〔自分は〕今後〔社会での〕差別や障壁を考えることはあまりありません。社会にいる自分の姿が想像できませんし、あまり現実的ではありません。ただ、仕事に就くこと、就いてからのことは元受刑者として苦労するだろうなと思います。今はスマホで検索すれば、すぐにでてきますから。

ひとつ、〔刑務所内で発行される〕機関誌の受刑者の便りを読み、社会貢献について考えたことがあります。要約すると次のような話です——コロナの給付金を寄付しようと知人のAさんに子ども食堂をしている団体を調べてほしいと頼みました。するとAさんの知人Bさんが子どもを支援する団体に勤めているということで、その団体を紹介してくれました。早速、思いを綴り、寄付をしたいと手紙を書きました。しかし、数カ月経っても連絡がありませんでした。Aさんに連絡すると、Bさんから手紙が届きました。「あなたの手紙は届いていません。でも、あなたの気持ちは大変嬉《うれ》しく思います」と。

数週間後、Aさんから手紙が届きました。「実は手紙は団体に届いていた。しかし手紙を受け取った事務の方が手紙を見、ネットであなたを調べたらとんでもない大罪を犯しているとわかり〝そんな人間と関わるのは危ない。来られたら困る。子どもたちに危害を加えられる可能性がある〟と、手紙を隠していたようだ」との内容でした。

寄付や社会貢献といったものは〔良い行為だから〕無条件で受け入れてもらえるという

思いを、自分でも無意識に抱いていました。しかし、これを読み、大罪を犯した受刑者からの手紙というのは人に多大な不安と恐怖を与えてしまうことを知りました。認識の甘さと、社会の受刑者に対する厳しい目を実感しました。先々、自分が社会貢献を実現させようとするとき、さまざまな差別、障壁があるのだろうなと考えました。

加害者家族となった母親や家族についてはどうだろうか。何か伝えられていることはあるのだろうか。

母の「加害者家族」としての実生活での苦労はわかりません。以前、聞いたことがあるのですが、「私は大丈夫」とあまり語りません。

電話面会

刑務所の中から許可を得れば外部に電話ができることはあまり周知されていない。正確には「電話面会」という。面会室でおこなうのは「対面面会」と呼ばれる。

二〇〇五年に「刑事施設及び受刑者の処遇等に関する法律」(受刑者処遇法)が制定され(翌年施行)、「優遇措置(類)」と「制限の緩和(種)」の制度がそれまでの累進処遇制度に代わって導入された。同法は二〇〇六年の改正で「刑事収容施設及び被収容者等の処遇に関する法律」と名称を改め、翌年に施行された。これによって一〇〇年近く使用され続けた「監獄法」は廃止となった。

受刑成績などにより定期的に評価される「種」は、生活や行動の制限範囲を区別するもので「第一種」から「第四種」まである。一種であれば、刑務所内を刑務官の付き添いなく「独歩」することができ、居室に鍵がなかったり、刑務所外作業を課されたり、面会を刑務官不在でおこなうことができる（「刑事収容施設及び被収容者等の処遇に関する法律」及び同規則）。

電話は「二種」になれば月に五回可能で、まずプリペイドカードを購入する。そして面会者（電話の相手）を刑務所側に申請し、許可が出れば、電話をかける相手にいつ都合がいいか刑務所から手紙を出す。そこには電話面会日は数週間も先の候補日や時間帯を細かく刑務所側から挙げてくる。手紙を受け取った者が候補日を指定して返信をすれば確定になる。まず刑務官が電話をかけ、当該相手に間違いないか確認をし、一五分ほど会話できる。刑務官が立ち会い、通話内容を聞いているというシステムだ。ちなみに刑務所から指定された電話に出ることができなければ、電話面会は終了ということになる。

水原は私にも電話をかけてよいかと尋ねてきたことがある。ちょうどそのとき、私は確実に電話に出られる時間帯が曖昧な時期と重なったのと、なぜか顔を見て話す前に電話で話すことがためらわれたから、「いつか対面で話しましょう」と返事を書いた。が、水原との面会は実現しなかった。その理由はあとで述べる。

居場所を失う「加害者家族」

某日。私は『息子が人を殺しました―加害者家族の真実』(幻冬舎新書、二〇一七年)という本を差し入れたことがある。水原の状況とよく似ていたからだ。犯罪加害者家族の置かれた現実を記録した本である。著者は加害者家族支援をしているNPOの代表で、私も一度だけ会ったことがある。加害者家族となってしまったがゆえにいかに社会から居場所を奪われるか、過酷な現実が聞き取られている。

水原からはこんな返事が返ってきた。

加害者の家族というのもまさに被害者です。いわれのない噂《うわさ》や中傷に学校を追われ、職場を追われ、街を追われ、故郷を追われてしまいます。以前、別の本で加害者家族の80パーセントが家族を失ったショックや、報道のショック、苦情や嫌がらせから自殺を考えると目にしました。自分は服役当初はそんなこと考えたことがありませんでした。加害者家族の実状を知ったときは、自身の能天気さ、愚かさに我が身を呪いました。自分の家族もまぎれもなく、自分の愚行による被害者です。

「加害者家族」の加害者本人との「関係（関係性）」は、ケースによって異なる。加害者本人にとって家族が「加害的」であるか、「被害的」であるかは異なる。たとえば幼い子どもの親が犯罪を犯したら、その子どもは「被害者的加害者家族」になる。

加害者家族は、刑事裁判の手続きにおいて情状証人として法廷に立つか、あるいは証言が事件関係者としての証拠として扱われることもある。

また、たとえば自分の子どもが犯罪を犯した場合、その子どもについての「監督責任」を保護者は問われることになる。扶養家族なのかどうか、年齢が何歳かなどが影響してくるが、保護者の監督責任が厳しく追及されるケースを私は多く取材してきた。

損害賠償金を争う民事訴訟では、原告の弁護士が被告の親に対して容赦ない詰問を浴びせかける。親はたじたじになり、黙するしかない。普段は「少年の可塑性」や「発達成長権」などを主張し、度重なる少年法改正に反対してきた弁護士が、いざ民事裁判では加害者（元少年）や加害者家族をえぐるように問い詰める光景を目の当たりにして、複雑な気持ちになったことも何度もある。弁護士の個人としての思想信条というのはあるが、それまで少年法を庇護《ひご》してきた姿はどこにいったのか。弁護士としての思想と代理人としての仕事は別物なのだろうなと私は気持ちを飲み込んだ。

「加害者家族」はたとえば何親等までという定義があるわけでもなく、身内に犯罪者がいるというだけで、負の烙印になる。たいがいはそれを隠すか、縁を切るかという方法をとることが多いが、ごく稀に加害者を受け入れる家族もあった。いずれにせよ、加害者家族も悲惨な状況に追い込まれることは想像に難くないだろう。たとえば、縁談が破綻するのは軽いほうで、加害者家族の誰かが自殺したケースもいくつも取材した。

刑事裁判では被害者参加制度が始まり、「加害者家族」は被害者遺族から厳しい質問が浴びせかけられる。とたんに言葉を失い泣き崩れる者が多かった。返すべき言葉が見つからないのか沈黙がえんえんと続き、質問者がしびれを切らして質問を変えていくのはしょっちゅうだった。答えても、消えゆくような声で耳をそばだてないと聞こえない。

とくに加害者が未成年の場合は、「親（保護者）の監督責任はどうなっていたんだ？」「事件後の今、対話はしているのか？」「反省はうながしているのか？」というようなことを保護者は激しく問い詰められる。「加害者家族」は、言い方は悪いがある意味ではサンドバッグにされる。絞り出すように出てくる言葉はお詫びの言葉と、「自分の育て方が間違っていた」というぐらいだ。

が、はたして証言台に立つ姿は本当なのか「演技」なのかは本人しかわからない。被害者や被害者遺族でそこに疑問を持たない人はいないと言っていいだろう。

遺族から遺体写真を見せられたとき

某日。水原からの手紙。私が書いたノンフィクションについての感想だった。

自分は『殺された側の論理』を読むまでは、司法解剖後の大まかな縫合のことも、その病院代を遺族が負担することも、刑事記録の謄写に大きな経済的な負担がかかることも、そして経済的な余裕のない場合は謄写もできないことも知りませんでした。

またさまざまな本を読む中で「犯罪被害者等保護法」(「犯罪被害者等の権利利益の保護を図るための刑事手続に付随する措置に関する法律」二〇〇〇年)を知り、以前は遺族の傍聴席の確保もなく、公判記録の閲覧やコピー、意見陳述などができなかったことを知りました。

それらを知ったときは愕然《がくぜん》としましたが、それまでは、そんなことを考えたこともありませんでした。そういった壁や苦悩があることを考えもしなかったのです。

犯罪被害者遺族を取材されてきた藤井さんは凶悪犯罪の加害者に何を思うでしょうか。怒りでしょうか。憎しみでしょうか。あるいは憐《あわ》れみ、または軽蔑でしょうか。何故そのようなことをしたのかという疑問でしょうか。

また多くのご遺族が加害者の更生や反省など望まないと、そんなことをしても家族は戻らないという話をされており、その通りで言葉もありませんが、藤井さんは加害者の反省や更生についてはどうお考えでしょうか。それらについて関心があるでしょうか。加害者に望むことはあるでしょうか。

水原はそうたたみかけるように綴ってきた。彼は、刑事裁判の法廷で被害者の遺体の写真を、被害者の親から見せられたときの記憶も書いてきた。被害者の写真や遺品は遺族からすれば、加害者に突きつける刃のようなものだ。いや、刃になってほしいと願うのだが、目を背けたり、見て見ぬふりをする被告人（加害者）も多い。

二〇〇四年に犯罪被害者等基本法が制定されるまでは、遺族が遺影を法廷に持ち込み、加害者のほうを向けることも裁判官に止められた。たいがいは弁護人から「被告人が動揺して冷静さを失い、審議の進行に支障をきたす」という申し立てが認められてきたからだ。

裁判官と検察官との話し合いの結果、遺影を風呂敷に包んで、傍聴席の脇の床に立てかけるという妥協案がとられたこともあった。裁判官の裁量によってまちまちだったが、信じられないことに、遺影を膝の上に置くことすら許されない時代が長く続いていたのだ。私はその「冷淡」な現場に数多く居合わせた。

刑事裁判が犯罪事実の有無の確認をする場であるとはいえ、遺影すらも排除するのは、弁護側からすれば被告の防御権の行使なのだろうが、そんな理屈が法廷では平気で主張されていた時代が長く続いていたのだ。

ご遺族が法廷で証人として発言されたとき、強く記憶に残っているのは、被害者の方のご遺体の写真を見てどう思うか、とご両親に聞かれたことです。ご遺族が話されているときはただ申し訳ないという思いでした。きちんと顔を上げなければと思いつつも、ご遺族の顔を直視することができず、視線はやや下がり、ときおりご遺族の顔を見るというような状態でした。ただ正直、公判のときのこと（公判全体）はそのときの映像は記憶にありますが、やりとりなどは憶えていないことの方が多いです。

被害者の両親は、被害者参加制度を行使して検事の横に並び、水原に直接、言葉をぶつけたのである。被害者参加制度ができる前までは、被害者は「証拠」の一つ、という扱いであり、証人尋問をする検察官の質問に答える形で意思を法廷に示してきた。被害者から意見聴取したものを検察官が代読するだけのこともあった。

もちろん、法廷に出る意思を被害者や遺族が持たない場合や、加害者を眼前にする恐怖感から、法廷に出ない場合もある。その場合は、被害者代理人という弁護士が、被害者側の代理人として質問や意見陳述をする。

警察庁のデータによれば、被害者参加制度の利用者は二〇〇八年一二月一日の施行から二〇一八年末まで累計一万一四七一人で、年々増加しているという。被害者代理人弁護士も二〇一八年末までで累計八四八四人と増加している（『令和元年版 犯罪被害者白書』）。

制度的には「被害者参加人」という名称で呼ばれるが、被害者遺族は遺体の写真などを見せ、加害者と数メートルの距離で心情をぶつける。なぜ殺したのかという問いをじかに突きつけることもある。それは、加害者が服役に入る前に被害者側に与えられた、加害者とじかに向き合う時間といっていいだろう。これは参加制度が新設され被害者や遺族の「心情意見陳述制度」があればこそだ。水原はそのような被害者の権利についてもまったく知らなかった。

犯罪被害者遺族の権利として、子どもの無残な姿を水原に見せ、どう思うかと問うた修羅のような親のすさまじい憤怒とやるせなさは筆舌に尽くしがたい。加害者に対して、怒りと同時に、はたして人間の心を持っているかどうか見届けたい気持ちもないまぜになったものなのか。私はいつも拳をかたく握りしめたまま、ただ見つめるしかなかった。

私は被害者遺族の意見陳述のシーンに数えきれないほど立ち会ってきた。被害者の子ども時代や青年期の写真をアルバムに貼りつけ、加害者が奪った人間のたった一つのかけがえのない「人生」を可視化して、当の加害者にページをめくらせた遺族もいた。それは、人生を奪ったことを理解できない、あるいは開き直っている加害者が多いため、陳述制度が始まってから、短い時間の間で、加害者に「命」というものの重さを少しでも伝えたいと被害者遺族が考え出した方法の一つである。

自分が変わり始めたとき

水原は刑務所の日々の中で自身が変わったような気づきの感覚を得ても、自由に同囚などと話すことは許されない。心の中でその感覚を温めて、日記などに言葉に置き換えて書きつけていくしかない。水原はその胸中を「外」の誰かに向けて放ちたかったのだろう。その相手が私だった。

私が著作に記していることや、他の筆者の著作を水原は自分なりに解釈し、さまざまな迷いを吐き出すかのように、感想や思うことを書いてくるようになった。これまでさまざまな言葉が水原を耕し、気づきを与え、そこに私が取材してきた、主に犯罪被害者や遺族の思いを注ぎ込んでいく。そんなことの繰り返しだった。

「正義」とは何なのでしょうか。立場、主義、主張で正義は一変します。そしてときに著しく乖離《かいり》します。コミュニティが変われば、悪も正義になり、正義も悪になります。藤井さん、正義の反対って何だと思います？　自分はこれまで「悪」だと思っていたのですが、正義の反対は「正義」なんですね。

正義の反対語は「不正義」と考えるのが普通なのかもしれないが、彼は犯罪被害者が「正義」を訴えても、加害者の弁護士の論理や法律にはね返されてしまう現実に対して意見を述べているのだ。加害者を防御するのは「人権」という「正義」の御旗《みはた》である。おうおうにして正義が正義を圧することを水原は学んでいるようだった。自分も「正義」によって守られたのだ、と。

水原は混沌《こんとん》の極みにあった。以下のような手紙が頻繁に届くようになる。

当時、人を殺しても何とも思わない精神状態にあったわけではありません。被害者が死んでしまうことは1ミリも頭によぎらなかったのです。暴行を加え殺害するのは異常な行為です。ただ今でも、その行為と〝死〟というものが直結できないのです。この感覚、考えは異常なのでしょうか。

自分が変わり始めたと感じるようになったのは実はここ1～2年なんです。自分は自己肯定感が低く、完璧主義で自分に課した課題や目標などに対し、できたところに目を向けたことがありませんでした。できなかったところだけを見、まだダメだ、これじゃダメだとしていました。

以前、同囚と更生について話していたときに、「長所って何だと思う?」と聞かれ、答えられなかったのです。すると、「もったいないよ。良いところがたくさんあるのに」と言われ、自身の長所について考えてみたことがありました。

ちょうど官本で自己肯定感を高めるものがあったので、いくつか読んでみると、非常に自己肯定感が低いことがわかりました。なるほど、と思うところが多々あり、それから改善していくプロセスで、できたことにも目を向けるようになり、その中で自身を省みたときに、「ああ、俺も少し変わったかもしれない」とそこで初めて思いました。

殺人を犯した人間が変わる過程のとば口や渦中は、過去の自分を真摯に思い返しながら、内省に内省を重ね、それに否定を重ねていく。右記のように、「俺も少し変わったかもしれない」という水原の言葉の向こう側には、彼にしか感じ得ないものがあるのだろう。

以前の自分の主体は悪でした。善の声など、聞こえもしませんでした。ですが、あるとき（服役して2〜3年頃でしょうか）遠くからうっすら声が聞こえてきました。はじめは聞き取るのが難しいほどでしたが、次第に知覚できるようになっていきました。「誰も見ていないんだ、やっちゃえ。別にそんな悪いことじゃないだろ」と悪がささやけば、「それはよくない、やめよう、それでいいの？」と善が語りかけてきます。それでもはじめは善の声は聞き流し、悪の声にのまれていました。

そのうちに自身の中に逡巡や葛藤が芽生え始め、9割以上は悪だったのが、8対2、6対4、5対5と善の声に耳を傾けることが増えていきました。以前は悪が主体で、善の声を拾うというものでしたが、今は善が主体で悪の声を退けるという形になりました。

変わっていった経緯や節目についてですが、以前にも少しお話ししましたが、自身の来し方を省み、愚かさ、情けなさに気づいたこと、被害者や被害者遺族の方々の思いや声を読んだこと、そして被害者の方や母が今の自分を見たらどう思うかと考えたところから始まりました。

ある女の子の詩

某日。こんな手紙が水原から届いた。

このままじゃダメだ、変わらなきゃ、変わりたい、と思い始めると物事を観察し、思考するようになり、すると普段の生活では気がつかないようなことに気がつくようになりました。善く在りたいと心が志向するようになり、無意識のうちにさまざまなことが、心のアンテナにかかるようになってきました。

被害者感情を知るために手記などを読み、自己を改善するために啓発本も読むようになりました。

そんなあるとき、新聞である女の子の詩を目にしました。

「今年、私はプレゼントを　がまんします。そのかわり　エイズの子どもたちを治してください」〝サンタさんへ〟と題されたその詩を目にしたとき、自己の欲深さ、利己心を恥じ入りました。自己の改善、被害者のこと、母のこと、社会のために何かしたい、どう在るべきか、などのさまざまなファクターが相互作用し、少しずつ、しかし加速度的に変わっていったと思います。

三歩進んで二歩下がる。ときに二歩進んで三歩下がるといったこともあり、今もそうですが、考えているつもり、意識しているつもりでも、後に省みると、独善的・硬直的だったということがよくあります。思考があるスポットにはまるとなかなか抜けられません(自分ではそれに気づかないのです)。これは永久的な課題で、懐疑的な視点も持たなければなりません。

服役して4~5年経った頃、更生などについて話し合える同囚と巡り合いました。それまではずっと一人で考えており、インプットのみでしたが、さまざまなことが話し合え、アウトプットもできるようになり、その存在は大きなものでした。

反省が深いとも、贖罪観が正しいとも思っていません。人間性も課題が多いです。心ない対応だった、話をしすぎた、笑いすぎたなど反省の日々です。

ときどき自分は何をしたいのか、何をしようとしているのか、わからなくなるときがあります。本当にわからなくなります。アイデンティティを喪失することもあります。

ときに何も考えずに笑って話をしたり、周りの人と触れ合うことなんかを考えたりしますが、自分のしたことを思えばそんなことはいっていられません。もっと苦しまねばなりません。

先々は仏道に入り無我の境地に没頭するというのもあるのかもしれないなんて考えるこ

ともあります。

この手紙を水原は、私の質問に対して答える形でこんなふうに締めていた。

かつての自分を見ると別人のように見えるか〔という質問に対して〕ですが、うっすらとつながりを感じるものの、まったくの別人のように思います。この時季になると上着を脱ぐので、腕の刺青《いれずみ》が自然と目に入って来、ふと過去を思うことがあり、まさか自分がこんな心境になるとは、と思うことがあります。変わってきたとはいえ、まだまだです。

第二章　祈り

無期囚のテレビドキュメンタリーを観《み》て

某日。水原紘心からの手紙に次のようなことが記してあった。地上波テレビの視聴が許されている時間帯にオンエアされている報道番組についてだった。手紙から抜き出してみる。

〔ＴＢＳの〕「報道特集」で無期囚の特集をやっていたんですが、見ましたか。自分は見ていてあの番組が何を伝えようとしているのかがわかりませんでした。見ている中で、戸惑い、違和感を覚えました。

「報道特集」については、所内の高齢化の現状をただ流しているだけで、それに対する問題提起などはなく、投げっぱなしの印象を持ちました。50年、60年、〔刑期を〕務めている人がいるということですが、おそらくそれは何度も何度も規則を破り、懲罰を受け続けた結果なのではないでしょうか。その経緯も示さず、何十年も務めているということをただ見せていることに一抹の危惧を覚えました。

受刑者の運動時間の様子やかすかな「生きる希望」についてもありましたが、そこには反省や被害者、ご遺族に対する謝罪の言葉はなく、その存在すらありませんでした。そのかすかな「希望」という光は、反省や更生、贖罪という大前提のもとそれらを持ち得る者のみに付与されるものであり、体現することで初めて差し込むものです。反省のない者は、その光を享受するには値しないのではないでしょうか。番組では被害者の存在がすっぽり抜けており、その構成に違和感を覚えました。

私もその番組はたまたまリアルタイムで観ていた。刑務所にカメラが入り、受刑者の半分ぐらいをしめる無期懲役囚の様子を映し出した作品だった。有期刑の上限が三〇年になったことから、無期懲役は自動的に三〇年以上となり、否応《いやおう》なく事実上の終身刑となり、高齢化が進む。獄死する受刑者も多いと番組は伝えていた。人員の不足もあり、同じ無期懲役囚が高齢の囚人の世話をするシーンもカメラは記録していた。病に冒され、医療刑務所に移送された高齢の囚人がその数日後に死亡したという事実も含まれていた。

すでに被害者遺族が亡くなったケースも多く、加害者も記憶がだんだんと薄れ、あるいはアルツハイマー病と診断され、自分の罪名すらわからない受刑者もいる。死刑を紙一重で逃れた彼らの「末路」の断面を垣間《かいま》見《み》ることができた。

介護施設状態になるのを避けるために、仮釈放数を増やすべきなのではないかというメッセージが番組には込められていたように思ったが、最新の「犯罪白書」によると無期懲役囚の「仮釈放」については大きな上下はなく、微増の傾向にある。一方で、全体では二〇〇五年（平成一七年）から六年連続で低下していたが、二〇一一年（平成二三年）に上昇に転じ、二〇二二年（令和四年）には六二・一パーセントになっている。

受刑者の多くは運動の時間、体力づくりに余念がない。いつか社会に戻れることは死刑囚以外にはかすかな「生きる希望」であり、それで生きつないでいるのだという受刑者の言葉には、なるほどそういうものだろうとの印象を受けた。

しかし、水原の指摘通り、そこに被害者や被害者遺族は不在だった。

長い時間の中で、被害者や遺族、加害者は歳をとり、亡くなっていく。そうでなくとも、もともと交流がなかった両者には年を追うごとに「距離」ができ、加害者のほうは記憶も薄れていく。身内もなく、手紙などの交流もない受刑者が多い。

更生保護施設の長は「一生かけて償いをしなければいけない」というふうに曖昧なことを言っていたが、具体的な「償い」については言及していなかった。

あるいは、更生保護施設の役割は、元受刑者が「娑婆《しゃば》」の居住地や仕事を見つけるまでの橋渡し役であり、被害者サイドとの交渉をするという役割はないので、被害者や被害者遺族の事件後の「時間」をイメージできないのかもしれない。

被害者遺族にとっての「時間」

被害のスティグマやトラウマは時間の経過とともに薄れていくと考えられがちだが、そうではない。時間は事件時で止まったままだったり、スティグマなどは逆に深まっていったりするケースも多いことが、矯正に携わる者にどれだけ周知されているだろうか。

被害者や被害者遺族にとってみれば、時間はそれなりに要するが刑事裁判や民事裁判は、殺された側の状況や気持ちに関係なく、淡々とシステマチックに進んでいくものでしかなく、それを乗り越えていかねばならないことも「二次被害」といえなくもないだろう。同時に、加害者の罰が決まるまでのプロセスが、折れそうな、狂いそうな心をかろうじて支えているともいえると思う。

が、それはいつか終わりを迎える。するとまた、新たな悲嘆が襲う。ましてや未解決の事件の遺族などは裁判などの区切りもない。私は未解決事件の遺族にもずいぶん取材をしてきたが、恨む対象がいないことの辛さは、加害者が捕まったケースとはまた異質なものだった。未解決事件はただそこに理不尽な「死」と「悲嘆」が横たわっているだけだ。

謝罪の手紙をどう送ればいいのか？

受刑者が歳を重ねれば、事件についても風化していくし、加害者としての記憶もかすんでいくものなのだろうと思う。犯した罪について常日頃から思いなおすようなプログラムは実施されていないし、加害者は時間とともに被害者の顔まで忘れていく。

凶悪事件の場合、長い時間、あるいは永遠に互いは隔絶される。それを望む被害者遺族もいるが、加害者は被害者や被害者遺族の存在を忘れるべきではない、と私は思う——そう水原にも書き送ったことがある。

懲役刑はあくまで国家からの罰であって、被害者を慰める一つの要素でしかない。慰めにもならないどころか、司法への不信を深めるケースも多々ある。被害者や被害者遺族の思いが法廷で通じるのはごくわずかなケースだけで、現実的に、「罰」と被害者の願望のバランスは取ることができていないのが私の実感だ。

被害者や被害者遺族が望んだ場合、加害者とつなぐ役割の不在を、私は常に感じる。弁護士がつくのは裁判の期間だけがほとんどだし、加害者の出所後も、保護観察官や保護司も両者の間を積極的にファシリテートしてきたとは言いがたい。

受刑中も同じで――あくまで被害者遺族が望めば――それぞれの状況や気持ちなどを伝える、被害者遺族の立場に寄り添った役職はなかった。もしあれば、それは受刑者の更生のためにもなる可能性もあるかもしれないし、加害者の受刑状況や様子、何よりも犯した事件と奪った命について反芻《はんすう》しているのかを知りたい被害者遺族にとってその現実は辛いことだろうと思う。実は、それを変える仕組みができるのだが――二〇二三年一〇月以降――あとで詳述する。

「修復的司法」といって、被害者の希望があれば、社会復帰した後の加害者を向き合わせる取り組みも、弁護士などの一部にはある。私は何度もケースを取材させてもらった。

たまたまと思いたいが、同じ部屋に加害者と遺族だけを残し、弁護士数人は協議のために別室に移動してしまった現場に私は居合わせたこともあり、その無神経さに驚いたことがある。修復的司法は原則的に、殺人や傷害致死、強姦などの人身に関する「修復不可能」な凶悪犯罪には成立し得ないという立場を私は取る。

話を番組に戻す。水原は被害者と加害者の関係についてこんなことを書いてきた。

〈被害者遺族と加害者の〉両者をつなぐ役割の必要性は常々考えていました。同囚と謝罪などについて話すことがありますが、〔刑務所内でそのための〕アクションを起こして良いのかどうかや、謝罪の是非についてなどの話がよく挙がります。謝罪をしたいのだけど、それは自己満足かもしれない。事件のことを思い出させてしまう。苦しませてしまう。それを考えるとするべきではない。しかし、もし、相手が謝罪を望んでいたら……と。

また謝罪する場合、直接、被害者やご遺族とやりとりできないと思うから、どうやればいいのかという声もあります。

その間をとりもつ組織があればと〔同囚と〕話をしますが、これまでそういった組織の必要性が議題に挙がることはなかったのでしょうか。

この中の生活を見たい、知りたいというご遺族の方々が少なくないとのことですが、ご遺族の方々は加害者にどのような生活を、何を望まれているのでしょうか。

今の刑務所は教育にも、罰にもなっておらず、宙ぶらりんな状態にあるように思います。施設側も教育に関しさまざまな取り組みを行っていますが、なかなかその実はともなっていないように思います。罰についてはこれはほとんど機能していません。

服役前はどのようなところなのだろうかとあれこれと考えていましたが、実際に服役してみますと、食事はまずくなく、舎房も汚くありません。「自由」が無いとよく耳にします。けれど自分はそうは思わず、不便な点はよくありますが、自分のしたことを思えば恵まれた環境ですらあります。これでいいのだろうかと、ときどき思います。

結局、教育も罰も機能していない中では、反省やここでの生活の送りかたは個人次第ということになります。

映画『プリズン・サークル』をめぐって

某日。ドキュメンタリー映画『プリズン・サークル』（坂上香監督、二〇二〇年）についても、水原とやりとりをしたことがある。彼は観ることができないので、私は映画を観た上で公式パンフレットを元に内容を手紙に記した。

映画は刑務所の中でおこなわれているＴＣ（セラピューティック・コミュニティ）の撮影許可を得るまで六年を要して撮影された力作である。ＴＣとは「回復共同体」と映画では訳されている。受刑者同士の対話を繰り返すことによって、自身のトラウマから被害者への気持ちを言葉に置き換えるなどを時間をかけて、支援員のサポートを受けておこなっていくプログラムだ。

受刑者は閉じ込めていた感情を人前に初めてさらし、互いに成長を認め合っていくプロセス――映画は二年間の密着――は感動的ですらあった。制作者の粘り強さがそれまで開くことができなかった扉をこじあけたといえる。

舞台になっているのは島根あさひ社会復帰促進センターという半官半民の刑務所で、犯罪傾向が進んでいないとされる二〇〇〇人が収容されている。

実は私は当該刑務所を二度、訪れたことがある。収容中の受刑者に面会に出向いたのだが、二度とも断られた。会いに行った理由は、二〇一二年に起きた傷害致死・死体遺棄事件の加害者――加害者夫婦の夫――が「島根あさひ～」に収容されていたからだ。私はその事件を取材していた。それまでに出した手紙の返事は当然返ってこず、当日も当然無視されるだろうとは予想していた。

事件の概要を振り返っておくと、夫婦が経営する漫画喫茶でアルバイトしていた女性を死に至らしめ、それを隠滅しようと計画を立てて、山中に死体を埋めたという悪質なものだ。

警察は半年以上かけて行動確認をして、仮に黙秘をされても起訴後の公判を検察が有利に維持できるような準備を進め、証拠を固めた。しかし、司法解剖の結果、遺体が――長く土中に埋められていたため――白骨化し、死因が特定できなかったことが大きな要因となり、検察は傷害致死での起訴は諦めている。

その上、加害者は途中から弁護士の勧めで黙秘に転じ、検察は「死体遺棄」では起訴したものの、「傷害致死」では起訴を見送った。黙秘により供述調書がなく、遺体の破損などで確定的な死因や物的証拠などが失われたことが主な理由である。

検察審査会は不起訴不当の結論を出したが、再捜査の結果も同じで、その結論は覆ることがなかった。損害賠償請求訴訟でも加害者は黙秘を続け、多額の支払いを裁判所から命じられたが、加害者の代理人弁護士は、払う気はないと表明した。法に携わる者が公然と法を無視する言動をとったことに、私は唖然《あぜん》とした。

たった二年の刑期を満期で終えた加害者夫妻の居所を私はつきとめ、のちにアポなしで会いに行く。私は刑務所に何度か手紙を出していたから、加害者は会ったときに私が差し出した名刺を見て、手紙の主と同じだったことにすぐに気がつき、表情が歪み、そして悪態をつき始めたのだった。その詳細は『黙秘の壁―名古屋・漫画喫茶女性従業員はなぜ死んだのか』(潮出版社、二〇一八年)、のちに出所した加害者の生活や思考を取材し、それらを大幅に加筆し『加害者よ、死者のために真実を語れ―名古屋・漫画喫茶女性従業員はなぜ死んだのか』(潮文庫、二〇二一年)という文庫版にまとめた。被害者も加害者も実名である。

刑事裁判でも民事裁判でも「黙秘」しているのだから、刑務所内でもしゃべるはずがない。社会に戻ってからも彼らは事件について「黙秘」を続けており、真相は闇に葬られたままだ。TCに参加できるのはごく一部の受刑者だけなので、私が取材した加害者は参加をしていない。

矯正現場の感覚からすれば、出所後、再犯はしていないから「更生」といえるのだろうが、民事裁判では傷害致死が認められ――つまり民事では傷害致死も「有罪」――それによって賠償金も確定したが、支払いも謝罪も無視したままの状態を更生と呼ぶのだろうか。私が執拗《しつよう》に追いかけた加害者夫婦は自己の「傷」を他者に開示し、己を咎《とが》める心境に至ることなどありえないからだ。

そういうTCのようなグループワークに水原は参加したことがあるのだろうか。模範的受刑者ならそのような「特別改善指導」の場に参加することが可能かもしれない。仮にそういうプログラムが水原の収監されている刑務所に用意されていれば、参加したいと思うのだろうか。

水原からの返信は次のようなものだった。

TCについてですが、当所でも薬物依存離脱指導、性犯罪再犯防止指導、被害者の視点を取り入れた教育といったグループワークなどによる教育プログラムがあります。

自分は以前に一度、被害者の視点を取り入れた教育のプログラムに参加したことがあります。本来は諸条件を鑑み、官側が受講者を選定するのですが、受けさせてほしいと職員に相談をしたところ受けさせてもらうことができました。

プログラムは全12回、3カ月で5人で行いました。犯罪被害者やご遺族の方々が事件、事件後について語られたDVD、加害者家族の置かれている状況についてのDVDの視聴、そのDVDについてや事件前の生活のこと、家族関係や事件についてなどを受刑者同士で話し合うというものでした。また、ひき逃げで息子さんの命を奪われたご遺族が来てくださり、お話をしてくださいました。

その遺族の方とお会いした際は、遺族が加害者に対する接し方や、加害者に対する思いを聞いて、自分の中で描いていた遺族像と違っていたため衝撃を受けました。

被害者遺族というのは、激しい怒りや憎しみが強くあると思っており、厳しいお話をされることを予想しつつ当日、お会いしたのですが、ご遺族は終始落ち着いており、ときおり笑顔も見せ、穏やかな表情で話してくださり、もちろん語ることのできない怒りや悲しみ、さまざまな思いがあるのだと思いますが、そのような姿が印象的でした。

このプログラムでそれぞれの思いを話し合えた時間は貴重なものでした。それが更生にどの程度効果があったのかわかりませんが、カタルシスによる心的効果は自分が思っているよりも大きいかもしれません。一方でそういうプログラムを「めんどくさい」「だるい」と言ったり、他の人の事件をちゃかしたり（受講中ではなく別のところで）する受刑者もいます。受講中は取り繕い、マイナスな評価を受けないよう、仮釈放に響かないようにとそれらしく発言をする人もいます。

それを思うと島根〔の半官半民の刑務所〕にいたという〔藤井が取材した〕男性は、参加していたとしても悔悟の念は生じなかったような気がします。

お手紙に、〔更生保護施設の人が〕その男性について「再犯はしていないから更生といえる――」とありましたが、それはただ再犯をしていないだけ、罪を犯していないだけで「更生」とは別のように思います。

反省のある人とない人の差はどこに生じるのでしょうか。どうしたら人は悔悟の念を抱くのかといつも考えます。

受刑者の一日のスケジュール

某日。私は水原からこんな質問を受けた――受刑者がどのように日々の生活を送っていると思いますか。作業中や休憩中、部屋での過ごし方など、反省のある者、ない者の生活態度について、またこれまでやりとりしてきた中で自分はどのような生活をしているかについて、想像でしかないと思いますが、イメージをお聞かせください――。

私は刑務所や少年院には取材に行く機会が多かったが、たいがいは一回、二～三時間程度で、朝から晩まで施設の「日常」のすべてを見ることはできない。それを何回か続けても観察できることなどたかがしれている。ジャーナリストが刑務所の様子を記録したものや、当事者の本――古くは故・安部譲二氏の『塀の中の懲りない面々』（文藝春秋、一九八六年）や、無期懲役囚の美達大和《みたつやまと》氏の『人を殺すとはどういうことか—長期LB級刑務所・殺人犯の告白』(新潮社、二〇〇九年)——などの手記、先のドキュメンタリー『プリズン・サークル』のように長期密着した映像から情報を得ることしかできない。

「犯罪被害者の視点を取り入れた教育」の一貫としておこなわれている被害者や被害者遺族の講演や講話に同行することがあっても、刑務所の日常をつぶさに見ることはできないでいた。

被害者や被害者遺族の人たちにも、刑務所の生活を知りたいという気持ちや、加害者の(現在の)胸中を知りたいという人は少なからずいて、積極的に矯正施設や刑事施設に赴いて体験談を語る遺族も少なくない。自身の当該事件の加害者の前では語ることは嫌だが、その他の受刑者なら話したいという人もいた。

むろん、施設側が個別の事件の被害者遺族と加害者を鉢合わせさせるような状況をつくることはありえないのだが。講演などを頼まれても、混迷の模索の最中だったり、「犯罪者」という者が集められている場所には絶対に行きたくないと決めている遺族もいた。

私は、水原の刑務所内の「日常」を教えてほしいと頼んだ。取材者として刑事施設の取材を重ねてきた私ですらこの程度の情報量なのだから、社会ではほとんど知られていないと思う。

水原は「この中の処遇などについて話します」と、一日のスケジュールについて書き送ってきた(処遇・スケジュールは施設により異なる)。

まず一日の流れは、
6時40分起床～点検・点呼
7時朝食
7時25分出役（出社）
8時～作業
12時昼食・休憩
12時45分～作業
16時終業
16時45分還室・点検（点呼）
16時55分夕食
21時就寝
となります。作業の途中、30分の運動（休憩）時間があり、グラウンドや体育館で、ソフトボール、バレーボール、卓球、雑談やランニング、筋トレなどをそれぞれしています。
夕食後からは余暇時間となり、皆それぞれ手紙を書いたり、本を読んだり、雑談、勉学、囲碁、将棋、オセロ、絵画、書道などをしています。

平日は、テレビが19時〜21時まで見られ、休日は17時〜21時まで見られます。休日は部屋で30分間運動時間があり、入浴は週に2回ないし、3回で1回15分間。作業では月々作業報奨金が支払われます。これは金銭として支払われるのではなく、計算上存在するだけで出所時に支給されます。ただ、領置金（自分のお金）を持っていない者は入所中に日用品や本などの購入、試験代の支払いなどに一定の制限のもと使用が可能です。

月々の額は等工（10等工〜1等工まであり、一定期間経過することで昇等）や作業態度・成績などにより数百円〜1万数千円で平均的に4〜5千円の人が多いでしょうか。時給は10等工で数円で1等工で50円ほどです。

『前科者経営者―どん底からの逆転人生』（プレジデント社、二〇一八年）を書いた元受刑者（詐欺罪で四年七カ月服役）の高山敦が、プレジデントオンライン（二〇一八年一一月二日）に書いた体験記によると、「考査訓練を終えると、分類審査が行われ、ようやく工場で作業ができるようになる。作業報奨金という金がもらえるようになるのだ。この作業報奨金は、作業等工により違ってくる」という。

以下に高山の体験記録を引用してみたい。

作業等工は、作業に対する受刑者の技能、作業成績、就業態度に基づき、1等工から10等工までに区分されており、最初は原則として10等工に編入される。その後、標準期間を過ぎてから技能や作業成績を審査して、順次上位の作業等工に昇等する。しかし成績によっては、昇等標準期間にかかわらず、昇等したり、逆に降等したりすることもある。

ちなみに、俺が服役していた平成22年は以下のようになっていた。

10等工（1カ月・6円10銭）
9等工（1カ月・7円70銭）
8等工（2カ月・10円10銭）
7等工（5カ月・12円70銭）
6等工（4カ月・16円40銭）
5等工（5カ月・18円40銭）
4等工（6カ月・22円80銭）
3等工（7カ月・27円70銭）
2等工（8カ月・34円30銭）
1等工（9カ月・43円50銭）

※（　）内は標準期間と時間給としての作業報奨金
　入所して2カ月くらいは10等工のため、1カ月500円ほど、1年たっても1000円前後の報奨金にしかならない。作業自体はシャバの仕事と変わりなく、きついだけで、金にもならないから刑務所は大変だと思い知らされる。
　しかも、きつい作業をしても食事の量は少なく、カロリーも米の量も決まっている。肉体労働はA食で1600〔キロ〕カロリー、腰掛けて行う作業はB食で1300〔キロ〕カロリー、処遇預かり、つまり調査懲罰の人や休養した人たちはC食で1200〔キロ〕カロリーになる。
　刑務所では食事の量は少ないし、甘いものがないのでほとんどの人が痩せてしまう。食事の配分をめぐってけんかになることもしばしばで、それで懲罰になる人が、1カ月の間に必ず何人か出てくるほどだ。

高山氏は人身犯ではなく、経済的被害を他者に与えている。だが、刑務所の処遇は水原と大きな差はない。

水原からの詳しい報告に戻ろう。水原は「優遇区分」についてこうも書いていた。前章で触れた二〇〇五年の受刑者処遇法で新設された優遇措置の区分のことだが、「優遇区分」によって、受刑者の「権利」が違ってくる。

優遇区分というものがあり、受刑態度によって5類～1類の5段階で評価されます（半年ごと）。5類が最も悪く、上位にいくにつれ面会数（少なくて1カ月に2回、多くて7回）、手紙の発信数（1カ月に4～10通）、集会（500円以内で菓子類を購入し食せる行事、1カ月に1～2回）、日常で使用できる物品（座布団、サンダル、ボールペン、CDなど）の制限がそれぞれ緩和されます。

基本的には3類で反則行為をすると下がり、資格の取得や改善更生の意欲などにより上がります。推測ですが、3類が最も多く全体の50～60パーセント、2類が10パーセント、1類が1～2パーセント、4類・5類が30パーセントほどでしょうか。

私は、刑務所で種々の矯正プログラムを見学したり――薬物犯や性犯罪者などのグループミーティングなど――、受刑者にインタビューをしたり、法務教官や刑務官など刑事施設のスタッフにも取材したことが何度もある。

覚醒剤常習者のグループミーティングでは自由に何でも本音を吐き出してよいという専門家

に従って、順番に「早く出所して（覚醒剤を）キメたいです」と全員があまりに素直に言ったことに驚いた。

自分を偽るより、本音をぶちまけたほうがいいというのが、矯正プログラム的には効果があるそうだが――専門家に言わせると――彼らのアタマの中はドラッグの快感体験から離脱できていないことがはっきりとわかったし、刑務所の服役やこうしたミーティングだけでは再犯を防止することは難しいだろう。

「被害者の視点を取り入れた教育」

法務省が二〇〇六年度から特別改善指導として「被害者の視点を取り入れた教育」を導入している。刑事収容施設法の施行に伴って導入された。どこの刑事施設や保護施設でも、被害者のことを書いた本などを使って、「被害者教育」と呼ばれるものがおこなわれている。拙著が配架されているのもその流れのせいだ。

二〇〇〇年代に入った頃、その施策が始まる前に被害者遺族らの集会に取材に出向くと、それまでは見かけなかった法務省の矯正畑の担当者や刑務所や少年院などの幹部や法務教官、保護司らの姿が目につくようになった。少年院の幹部が、「どうしたら被害者の方に赦してもらえるのですか」という質問を公衆の面前で発し、遺族たちの顰蹙《ひんしゅく》を買っている場面にも私は遭遇したことがある。

矯正行政に携わっている者の焦りもあるのだろうが、費用対効果の発想でこの問題をとらえているのではないかと私は思った。事件によって被害者や被害者遺族の心情に個別性が高く、加害者も百人百様であるから、「教育」によって目に見えるような効果を期待するほうが安易だろう。

――自らの犯した罪の大きさや被害者及びその遺族などの心情等を認識させるとともに、自己の問題性を理解させ、被害者及びその遺族などに誠意を持って対応するための方法を考えさせること――。

これが「被害者の視点を取り入れた教育」施策の主な内容である（「受刑者の各種指導に関する訓令」二〇〇六年五月二三日）。法務省矯正局の作成した『刑事施設における被害者の視点を取り入れた教育の手引』（二〇〇六年）には四つの「指導のねらい」が書かれている。

ア　受講者が、自分が起こした事件を『犯罪』として省みるだけでなく、被害を生じさせた『加害行為』として見つめ直させ、『加害者』としての責任の重大さを自覚できるよう促す。

イ　犯罪行為によって被害者の精神面や身体面、その他生活全般に生じる問題について理解させ、犯罪被害者がおかれる状況の深刻さを現実として認識させる。
ウ　自分が起こした事件の被害者について、事件当時から現在に至るまでの心情や生活状況に思い至らしめるとともに、加害者として被害者に対してなすべきことを具体的に考えさせ、実行に移す決意を固めさせる。
エ　考え方の誤りや偏り、生活の崩れなど、加害に至った自分の問題点について認識させるとともに、二度と犯罪を犯さず、被害者を出さない（加害者とならない）ために、自分が何をなすべきか具体的に考えさせ、実行の決意を固めさせる。

被害者遺族が気力をふりしぼって講話をしている場面に、私は何度も立ち会ってきたが、これも「被害者の視点を取り入れた教育」の一つなのだ。

私はこの「被害者の視点を取り入れた教育」について、水原に考えを求めてみた。受刑者の心に響くものは何なのか。講話なのか、読書なのか、頻繁な第三者のサポートなのか。心を他者に開いて、言葉にしていくことに至るプロセスにはとても時間がかかる。月に一回とかのペースではなく、毎週のようにおこなっていくなどペースを速めたり、「話し合い」をおこなった後で内省したり、黙考する時間も必要ではないのか。

たとえば、この「話し合い」を複数の受刑者とおこなうのであれば、受刑者の性格や語彙力の違いがもろに出ると思われる。また、互いの起こした事件に触れざるを得ない場面もあり、それによって受刑者同士の関係性に何らかの変化をきたす可能性もある。
たぶん水原のように豊富な「言葉」を獲得している受刑者が話し出すと、気後れして話せなくなる者もいるだろう。勘違いして自分の「武勇伝」を話し出す者もいるかもしれない。
また、「話し合い」に介入するスキルを身につけた専門家（人的資源）は足りているのだろうか。専門家が道徳の授業をしてもしょうがないので、心のうちを「語り」として引き出すことに長《た》けた人的資源が必要だ。

水原からの返信。

自身の考察を深めるため、そして人に話す場やきっかけ、気づきを与えることができればと、機会があれば、同囚と反省などについて話をします。デリケートな問題なので、同囚とそういう話をするのは対人トラブルを招いたり、互いの精神のバランスを崩してしまったり、偏った議論になったりする危険も孕《はら》みますが、「話をする」「話を聞く」というのは非常に有意義です。一人では思考が凝り固まり、偏ることもありますし、人と話すことでモチベーションにもなります。

この中で反省などについて話せる環境が整備されていないことに憂慮しております。同囚を見ていますと、安逸をむさぼり、マンガやエロ本、雑誌などを読みあさっている者、いかに楽しく過ごすかを考えている者、憚《はばか》りもせず家族に金銭を無心する者、被害者を思い真冬でも夜に毛布を使わずにいる人、被害者に悪いと祝日に出される菓子類を一切口にしない人、人と群れず粛々と生活する人、さまざまな人がおり、反省とは贖罪とはなんだろうと考えずにはいられません。同時に罰と矯正の難しさも思います。

自身の在り方や生き方についての考察は尽きません。

加害者の状況は被害者や遺族には伝わらない

不幸にも事件に遭い、加害者の情報についてはまったく知りたくない、何らかの謝罪すら受けたくないという人もいる。法廷などでの「加害者」の態度を見ていて、「更生」など求めても無駄だと思ってしまうのだ。私財がないことがわかっているから、被害者が多額の損害賠償請求訴訟の高額な弁護士費用を負担してまで民事裁判を起こすこと自体が無駄だと苦渋の判断をして、泣く泣く諦める人もいる。

加害者や加害者家族と「同じ世界」にいたくない、できることなら加害者の存在を消し去りたい——と願う被害者が大半だと思う。そういう被害者や被害者遺族は、謝罪の手紙を受け取ることなどが「仮釈放」に有利な材料になってしまうと解釈する。疑心暗鬼の塊になるのは当たり前のことである。

私の取材経験では、加害者の心境を確かめたい、知りたい——それが虚しさをともなう行為だとわかりつつも——と、何らかのはたらきかけを希望する遺族の方は、加害者が少年であるとか若年であるケースや、被害者と加害者が友人関係にあったケースに多い。

が、しかし今までの更生・矯正システムの中では「被害者等通知制度」に基づいて処遇状況を半年に一度の割合で——被害者や遺族、参考人などが希望すれば——受刑状況の優劣や、携わっている作業の内容、懲罰の有無を等級化したものなどが、ごく簡単な説明が書かれたA4一枚で送付されるだけだ。刑事裁判の期日通知や処分結果、加害者の刑務所からの出所情報も同制度に基づいて被害者サイドに提供されている。

そのA4一枚の用紙には、加害者の様子や反省状況についての所見はなく、とうてい遺族の思いには応えられないものだ。私も何度も見たことがあるが、いってみればアンケート式の問診票のようなもので、事務的と言えばいいのか官僚的といったら言い過ぎなのか、受刑者のプライバシー保護のためというのが一番の理由だろう。私はその一部をいくつかの媒体で公開して、検察庁から注意を受けたこともある。

つまり、加害者の個別の現状は被害者や被害者遺族には、一切伝わらないというのが残念ながら現状である。たとえば、反省度合いが進んでいると判断された模範的受刑者は厨房《ちゅうぼう》などに配属されることが多いが、なぜ「模範」と判断するに至ったのか、その受刑者にはどのような変化があったのか、それもわからない。

このことについて水原の手紙にこう書いてあった。

「被害者等通知制度」の通知書、一度見たことがあります。〔自分への〕民事訴訟の訴状が届いた際、作業名や改善指導名、制限区分、優遇区分が書いてありましたが、あれではご遺族の方は何もわかりません。

被害者側と加害者をつなぐシステムの構築、整備の実現を望みます。ご遺族の方々が望まれればですが。この中でも謝罪や気持ちを伝えたいけど、どうすればいいかわからないという声を聞きます。

この中の生活ですが、正直、ご遺族の方々には見せられるようなものではないと思います。テレビなどで見る黙々と作業する姿はそれらしく見えるかもしれませんが、休憩中や部屋では笑い声や笑顔が絶えません。一般的に刑務所はどんよりと暗く、じめじめしたイメージがあるかもしれませんが、そんなことはありません。実際は明るく、からっとしたものです。

被害者に悪態をついたりする者がいる刑務所や房もあると思いますが、こちらではあまり聞くことはありません。逆に反省などについての話もあまり聞きません。プライベートでデリケートな問題なので、個々人で考えようとしているのか、そういう話がしづらいからなのか（反省などを口にすると変な目で見られたり、一部の人間から「何良い子ぶってんの？」と攻撃、批判の対象となることもあります）。話をする人、機会がないからなのか、あるいは何も考えていないのかわかりませんが。

ただ、所内の機関誌では反省などについての投稿も見られますし、同囚との距離感をみて水を向けると、始めは言葉すくなですが、思いを話し合えることもあるので、考えている人はいます。

「被害者の視点を取り入れた教育」への具体的な意見

某日。水原は、自分なりに思案した「被害者の視点を取り入れた教育」について具体的にこんなプランを書き送ってきた。

〔藤井からの〕ご質問にあった〝話し合い〟については、少なくとも週に二回はほしいです。職員、カウンセラーの数は圧倒的に不足しており、現状では難しいですが。

内容としては、はじめのうちはテーマを設けず、各々事件に関する考え方や思いを話してもらいます。被害者への思い、家族への思い、社会での生活、不満や文句、なんでもいいです。それについて肯定も否定もせず、ただ話し、ただ聞くのです。「あなたの話を聞いてくれる人はいますよ」と、「何でも話していいんですよ」と、まずは空気、環境づくりをします。

はじめから本音を語る人はあまりいません。取り繕い、見栄を張り、嘘をつきます。構えず、力まず、ある程度、何でも話せるように最初の数回はある種の信頼関係を築くための助走期間です。

その後「反省」や「更生」「贖罪」「家族」「被害者」「過去の自分」「これからの生き方」などテーマを設けて話し合います。基本的に否定することはNGです。「それは間違っている」「それじゃあ、ダメだ」ではなく、反省の浅い者、著しい認知の歪みのある者に対しては、「何でそう思うのかな」「こういう考えについてはどう思う?」と問いかけるのです。

押しつけるのではなく、思考させることが大事です。その人の性格や精神状態によっては真っ向から否定することもときには有効です。

個々の心情を吐露することは大事なプロセスだと思います。

グループワークだけでなく、カウンセラーと個別に話せる場、また交換日記のようなものができれば、なおいいです。

多数の人の前ではきちんと話せない人もいますし、受刑者によって抱えている問題は異なるので、個別のアドバイス、アプローチが必要です。話すのが苦手な人は書くことで、気持ちを伝えられますし、皆で話し合ったことを部屋で咀嚼《そしゃく》していると、新たな気づきや思索が湧いてくるので、書くことで思考を整理できます。

そして書くということでは「言葉」を用い、思考をするということなので、書いている最中にも新たな気づきを得ます。ですので、筆記によるやりとりもあると良いです。

ただ、できれば官側の介入なく直接、受刑者↕カウンセラーという形式が望ましいです。職員が間に入り内容を見られるとなると、本音を語らない人もいます。恥ずかしい、自身の評価（半年ごとの優遇措置の有無や、仮釈放の可能性等）を気にする、あるいはそもそも刑務官に見られることに嫌悪を抱く者などもおり、正直な思いを書けなくなる人もいます。素直な気持ちを吐き出せる環境の整備が肝要です。

話し合いについては、事件に対しての直接的なことだけでなく、そこに至ったそれまでの価値観や思考、認知、性格、環境などについても話したいです。

そして水原はこう続けた。これは服役することにより「考える受刑者」に変わっていった水原ならではの提案だろうと私は思った。

またそういった「負」の部分だけにフォーカスするのではなく「夢」や「希望」「目標」などについても話したいです。日々の活力がなければ、思考する精神状態は保てません。自分は「目標」を持つことは絶対的に必要だと思っています。世界を変えるような大きなものではなく、日々の生活のほんの小さなことで良いと思います。それがあるとないとでは、日々の生活に対する姿勢はまったく違ったものになります。

グループワークについては、毎回、張りつめた空気で真顔で話していると、息苦しさや嫌悪を抱く者もいるかもしれません。なのでときにはリラックスできるような話題（たとえば趣味やスポーツ、音楽、テレビなどでしょうか）、雑談も必要なのかもしれません。

嫌々参加している者に「反省」（反省、更生、贖罪の三点について話すときは、以後、便宜的に「反省」と称します）を押しつけるのは、クラシックに興味のない人にむりやりクラシックを聴かせたり、数学の嫌いな人に素数の分布について考えろというようなものです。

まとめるならば、何らかの目標があったほうが自身を反省の方向へ舵《かじ》を切りやすいのではないか、と水原は書いていた。その目標とは贖罪と同質のものでなければならないはずだが、それは一人では導き出せないのではないか。受刑者の言葉を受け止め、対応していくという対話を担う立場の者がいなければ、受刑者の頭の中は耕されない。

〔藤井からの〕お手紙に「武勇伝」を話し出す者もいるかもしれないとありましたが、その場合もまずは否定せず話を聞くのが良いのではないでしょうか。武勇伝を語るに至った、その人なりの価値観、思考プロセスがあるわけです。

個別でその人と話をし（他の人の前では見栄を張り、本音は語らないと思うので）、武勇伝を話しているときどんな気持ちだったか、なぜそのような気持ちだったのかなど、問いかけて、掘り下げていき、根底にある価値観や思考プロセスに目を向けさせるのです。目が向くかわかりませんが、向いた場合はさらにその価値観が形成されるに至った経緯についても一緒に考えるのが良いかもしれません。

全員に効果のある普遍的なプログラムはありません。さまざまな角度、距離から個々別々に思慮的なアプローチが必要です。

まず考え方として、反省をさせよう、反省を与えよう、というスタンスは正しくないと思います。受刑者によって反省の度合いや入り口はさまざまです。

反省の無い者、反省の兆しのある者、反省のある者それぞれいるわけですが、全員に画一的なアプローチをするのではなく、反省の無い者には「きっかけ」を、兆しのある者には「ヒント」を、反省のある者には「後押し」を与えるような取り組みが必要です。

反省の入り口もさまざまですので、あるやり方で効果がなければ別のやり方を試みるのです。きっとどこかに琴線に触れるものがあるはずです。そのために多くの機会を与え、焦らず、急がず長い目で見ることが必要です。

反省を一人でするのは難しいものです。

支援者の存在というのは非常に重要になってきます。また、反省とは有機的なものなので、社会とのつながりも重要です。本人が罪を犯したことの自覚を持つことは必要ですが、第三者が社会でその人を無条件で「犯罪者」とカテゴライズしてしまうのは、ときに反省を妨げてしまいます。

近年では元受刑者を雇用する「協力雇用主」が増えてきました。そういった社会の受け入れ体制も重要なファクターになってきます。

お手紙に時間（服役の延長）と、人的資源が不足しているとありました。人的資源の不足については同感なのですが、時間は不足しているとは思いません。

加害者だからこそ加害者へ伝えられること

某日。水原は受刑者同士のやりとりについて書き記してきた。服役囚同士は会話が禁止されているイメージだが、監視の目がないところではさまざまな会話がなされている。犯罪を犯した者同士——しかも互いに各人が犯した罪については詳細を知らない——が意見を述べ合うのだから、何らかの予期せぬ化学反応が起きるかもしれないということなのだが、この視点は私にはなかった。

加害者から加害者へのメッセージの効果については、まず同じ境遇にいるからこそわかり合えることがあります。共有できる感性、価値観があります。

以前、自分が抱えていた悩みや問題、思考、そして今、自分が抱えている悩みや問題、思考は、他の受刑者の悩みや問題、思考でもあるのです。

反省、更生、贖罪について懊悩している人に、罪との向き合い方、これからの生き方を模索している人に自分の気づきを伝えることで、何かきっかけを、思惟《しゆい》を喚起させることができればと思うのです。

誰にも話せず一人で抱え込んでいる人もいると思います。以前の自分のように「反省」

の答えがどこかにあると考え、必死に探し求めている人、あるいは数学のようにロジカルに手順を踏んでいけば明確な答えが得られると考えている人もいると思います。

自分の思考が正しいとは思っていません。自分は反省してるんだと言いたいわけではありません。罪滅ぼしじゃありませんが、純粋に互いに何か良い影響になればと思うのです。自分の更生が誰かの更生に、その誰かの更生がさらに別の人の人生の更生にと、そういう輪を広げていきたいです。

ある被害者遺族の言葉

某日。私は水原に対して受刑者にとって「時間」というものはどういうものなのか、というささか抽象的な質問をしたことがある。

さまざまなフェーズで考えるのは当然のことだが、罪を犯したゆえに社会と隔絶された環境下での時間感覚のようなものについて知りたかったからである。

「人が変わる（更生する）ための時間」ということです。

やり方によってや、人の関わり方によって、あるいは罪の重さや、刑期の長短によっても異なると思うのですが、第三者と関係を構築して、胸のうちの言葉を交わし、心情が変わっていき、願わくばそれが被害者や遺族の方に届いて、ほんの一片でも理解をしてもらえるための「時間」です。

仏道を志す人は毎日、寝る以外は仏の世界に没入して、自らを滅するかのようにして修行や学びをおこないます。

あまりいい例ではないかもしれませんが、刑期が短ければ、「人が変わる（更生する）ための時間」も少ないです。『加害者よ、死者のために真実を語れ』のあとがきに、加害者の「言い分」が入っていましたが、黙秘等の理由で「運良く」刑期が短くなったら、「人が変わる（更生する）ための時間」も減るのは当然です。

私は彼への手紙でこう書いた。――人が変わる（更生する）ための時間――は、集中的にやったほうがいいのか、時間を空けながらゆっくりやったほうがいいのかもわからないけれど、どんな罪を犯そうが、一定の最低年数（時間）というものがあるのではないか、と。

受刑生活に入って、いつぐらいから、「あ、自分は変わり始めたな」と実感できたのか。あるいはそれを実感できた出来事があったのか。変わり始めたきっかけのようなものはあったのか。

かつての自分――犯罪を犯す前や犯したとき――を、今の自分から見るとどう見えるのか。

別人のように思えるのか、それとも、つながっているように感じるのか。

「更生」とは人間にとって必要な心を学び直し、生まれ変わることだとはよくいわれることだが、人間は変わることができると私も思いたい。

被害に遭った側にも憎悪や恐怖という気持ちの裏側には、変わってほしいという気持ちもあるはずだ。それを口にする人もいれば、口にしない人もいる。絶望のあまり、加害者への怒りの塊になっている人もいる。私は真人間に生まれ変わることと、厳しい罰を受け入れることは矛盾せず、同義だと思っている。

罪に向き合ってほしいというかすかな願いが生まれることもあるのではないかと、私はふと何度かそう思ったことがある。しかし、加害者に変わるそぶりがまったく見えないことが多いから、被害者や被害者遺族はそれを口にしないだけだ、と。

すると、水原はある報道番組について書いて返信を寄こしてきた。


「報道特集」という番組で、一家6人を殺害した男の特集をしていたのを観ました。離婚を持ちかけられたことで妻と子ども5人を殺害したのです。

その男と記者が面会したときに、いつも家族の顔が浮かぶと男は言っていました。その後悔というのがわかるような気がします。

その男と中谷加代子さん〔別の事件の被害者遺族〕という女性が面会したのですが、その方の言葉が印象的でした。

中谷さんは娘（当時20歳）を少年（19）に暴行され、殺害された犯罪遺族の方です。娘さんを殺した少年に対し、日々の幸せを感じる心があればこんなことになっていなかったと話されており、その男にもそういう話をしたところ、「中谷さんのいう幸せとはなんですか」と聞かれ、中谷さんは「空の青さに幸せを感じること。鳥の囀《さえず》りを美しいと感じられる心」と言われました。

また償いについても話されており、自身の娘を殺された方がこうして加害者に会い、言葉を掛けたり、とても考えさせられる内容でした。

自分もここ〔刑務所〕で幸福というものを知りました。

これまで幸福とはある種、絶対的なもので贅沢《ぜいたく》の中にあると思っていましたが、そうではありませんでした。内容ではなく心の持ち方だったのです。それを知ってからは幸福に対する閾値《しきいち》は大きく下がりました。

花壇の花を見て心が軽くなり、やさしい日差しを受け、心が穏やかになるのです。窓の外から聞こえてくる囀りに耳を澄ましている自分がおり、ふと目に入る月にも心がしずまるのです。それは何でもないことにも感じられますが、ときに何かとても大切なことのようにも思います。

社会にいた頃、それらに心が動くなんてことはありませんでした。まさか自分がこんな感情を抱くようになるとは思いませんでした。

ただ、そんな感情を持つようになったとき、自分も人としてまともなところがあるんだなと、暗たんとした前途にかすかに光が差しましたが、自分のしたことを思えば、この獄にあり心が落ち着いていくことに後ろめたさや申し訳なさを感じます。

中谷加代子の語りをおさめた『命のスケッチブック』（構成と文・小手鞠るい、静山社、二〇二二年）を、私は水原に差し入れた。水原はすぐに感想を送ってきた。

「命のスケッチブック」拝読しました。被害者の方は生きていたら、今、36歳です。生きていたら、今、どのような日々を過ごしていたのでしょうか。建築家になり、自身で設計した家で家族と笑い合っていたのかもしれません。うまく言えませんが、その重さを思います。

中谷さんがある裁判の傍聴に行ったときのお話で、「二カ月かそこらで、被告の心はまだ本当の意味での謝罪の心は育っていない」と話されていましたが、自分もそう思います。

自分もそうでしたが、とにかく言葉が出ません。多くの人は、反省の度合いは別として、したことについての謝意は抱いていると思うのです。しかし、言葉が出ないのです。中谷さんのご自身の経験から、シクラメンと謝罪のお話をされ、「本当の意味でごめんなさい」が言えるようになるのには、時間が必要とおっしゃっていましたが、その通りかもしれません。

中谷さんが加害者の少年に対して、「彼が本当の意味で、自分の人生のこと、つまり、『生きる』ということを真剣に考えてくれていたら、あんな事件は起きなかったのではないか」と話されていました。

無意識に自分の姿を追っていました。あの頃の自分は、そんなこと考えたこともありませんでした。仮に誰かに説かれても「え、なにそれ」と一笑に付していたでしょう。仲間と顔を見合わせ「アハハハ」と。それと、「人を大切に」というのはまだ理解できていたと思うのですが、「自分を大事に」というのは感覚として理解できなかったと思います。これまでに何度も何度も考えてきました。あの頃の自分に、誰が、どのような言葉をかけていたら、自分は変われていたのか、自分と向き合えていたのか、と。しかし、決まって脳裏に浮かぶのは悲観的なものです。建設的なイメージが浮かびません。おそらくムリだったのではないか。生き直している自分の姿が想像できないのです。

『命のスケッチブック』のエピローグで、人命救助をした突っ張った男子生徒の話がありました。次の日から生き生きとして、まるで別人のようになった、「その子はきっと、人を救ったことで、自分には生きている価値があるんだって、気づいたんでしょうね」と中谷さんは話していました。

生きる価値とはやや違いますが、人にやさしくしたとき、手を差しのべたとき、心があたたまることがあり、「俺も変わったな」と思える瞬間でもあります。「生きている価値」なんてのは考えたことはなく、自身の身を思えば負い目を覚えるワードではありますが、中谷さんの言葉を借りれば、その心のあたたかみが、価値なのでしょうか。

同時に、人からやさしさを受けたとき、これまでは「ありがとう」「助かった」「良かった」と自分本位のある種の感謝だったのですが、体の芯からしみじみとわきあがるものがあり、ある種の幸福感を覚え、相手の行為に胸が熱くなることがあります。

読んでいて改めて、人の命を奪うことの重さを思いました。ただ、自分はその重さの数パーセントも理解していないのでしょう。

朝目覚めると、涙があふれている、罪悪感と後悔でどろどろの心、わけのわからない恐怖が常に身のまわりに存在している。朝も昼も夜もない。そんな一切の喪失感や苦しみ、怒りや悲しみは一生理解できないのだと思います。

以前お話ししましたが、初め自分はそれがわかると思っていました。正確にはわかろうとしていました。もっと言えば、一時はわかった（理解した）つもりになっていました。作家の伊坂幸太郎さんのある作品で、「きっとあなたなら地球が太陽の周りを回っていることだって分かっているわよね。そういうのは分かってるんじゃなくて、知っているだけなのよ」（『陽気なギャングが地球を回す』祥伝社、二〇〇三年）という一節があります。自分も、知っているだけなんですよね。しかも、ほんの、ほんの一部を。

自分がすべきことは理解することではなく、その実状を知り、その事実から生じるさまざまな思い、感情を、心の揺れを形にすること、そしてその形にしたもの、心の揺れをアイデンティティに落としこみ、生活レベルで具現することです。

幸せと償いは同じ方向性？

水原は『命のスケッチブック』の中にある、中谷さんの言葉に強く心を揺さぶられたようだった。水原の手紙を続けよう。

中谷さんは償いについて、「もしも、つぐなう方法があるとすれば、それは、加害者がそのあとの人生をどう生きるか、その人生のなかにこそ「つぐなう」ということのヒントというか、答えというか、なんらかの方法があるのではないか」と本の中で話されていました。

休憩中、同囚の会話や行動を見ていると（自身の言動も含め）、反省や更生、贖罪ってなんだろうって思います。テレビの話、女優やアイドル、アナウンサーの話、sex の話、趣味の話、不平や不満、職員・同囚の悪口や文句、そんな光景を毎日、目にします。テレビの話で盛り上がり、性的な話に頬をほころばせ、不平・不満に花を咲かせる。これは社会ではごく一般的で日常的な光景だと思います。そして、それは極めて人間的で、社会的で、人間たらしめている営為です。

けれども「受刑者」というフィルターにかけると、その人間的な行為に懐疑の念を覚えるのです。贖罪というものを思うと、その社会的な言動、人間たらしめている営為と向き合わなければならないと思うのです。贖罪を脳裏に刻み込み、常に贖罪を思考の片隅に据えながら生活をするのは非常なエネルギーを要します。多大なエネルギーを。一歩間違うと身を滅ぼしかねません。ですので、社会的なつながりや人とのつながりが必要だと思うのです。端的に言えば、笑いや幸福やあるいはストレスのはけぐちが。

自分はここ数年で、笑うことの効用を知りました。自分が気づいていないだけで、笑うことで保てているものがあり、そういうのがあるから救われてるものがあるのだと。

とは言え、自分の中ではいつも「甘い、甘い」、「まだ足りない、まだ足りない」と脳裏でこだましています。けれども、と言いますか、だから、と言いますか、自分と同じ心境にいる人には「笑うことも必要だ」と伝えたいです。幸福も必要だと。もちろん「も」ですが。自分のような思考はすすめません。

中谷加代子は二〇〇六年に娘の歩《あゆみ》を同級生だった男子に殺害（殺人と強姦《ごうかん》）された被害者遺族である。加害者は自殺をしているのを後日、発見されたため、娘はどうして殺されねばならなくなったのかという事件の真相は闇の中に消えていった。

私は中谷加代子と連絡を取り、山口県内の自宅を訪ねた。事前に水原の存在をできる限り詳しく伝えた上で、私は中谷と向かい合った。

中谷に事件当日のことから聞いた——歩の遺骸は大きなビニール袋に包まれ、警察署で中谷には娘の顔に触れることしか許されなかった。警察署からの帰り道、目の前に加害者があらわれたら何をしたかわからない、真っ黒な気持ちがあった。生きているのが嫌になり、娘と一緒に死ねたらとさえ思った——。

一日中、涙が溢《あふ》れ続け、これ以上ないほどの喪失感が自分の精神や思考を狂わせてしまう寸前まで、中谷を追い詰めた。

私は、番組を観た水原の感想を中谷に伝えた——「報道特集」では、家族六人を殺害したある加害者の男に面会した際に「幸せを感じる心を持っていてほしい」と話されていたことが、とても印象的でした。娘の加害者の少年にも「日々の幸せを考えていたらこんなことになっていなかった」との思いも話されていました。その観念には思惟を得ました——と。

すると、中谷は「〔水原が〕贖罪等について考えていくとき、藤井さんは無視することもできたのに、〔文通を〕続けた。彼にとってはありがたい存在だと思いますよ」と返した。

中谷は、山口県にある半官半民の美祢《みね》社会復帰促進センターという、犯罪傾向が進んでいない者が中心の刑務所などで、受刑者を相手に特別改善指導「被害者の視点を取り入れた教育」のゲストスピーカーとして「被害者の声を聴く」というテーマで講話し、複数の受刑者と言葉を交わしている。そこは、「幸せになっていいんですか」と震える声で話しかけてくる受刑者もいたという。

中谷は娘の仏壇のほうを見やりながら私に言った。

「〔水原の観ていた〕報道番組では、窓を見て光が射したら、上を向いて胸を開いて空気をいっぱい吸って、気持ちの中では生きる幸せを感じてほしい。まずは生きてほしい、その中で光や希望みたいなものを持って生きてほしいと。それがないと、償いに向き合えないんじゃないかということを伝えようとしたんだと思います」

私は、「水原は収監後、そういう感情を封印して幸せなど感じてはいけないと思ってきたのです」と返すと、「藤井さんは、幸せと償いは同じ方向にあると思いませんか」と逆に問われ、私は言葉に詰まった。

「もちろん反省は必要です。でも、自己否定から心に蓋をして、幸せを感じてはいけないと自分を責め続けていると心が壊れてしまうと思うのです」。そう中谷は戸惑う私に言葉をかけた。

「被害者が加害者に幸せになってというのはおかしいかもしれませんし、実際、被害者遺族からも、あなたは娘を愛していないのかなどと、言われたこともあります。私は被害者遺族の中では異端かもしれません。

私が受刑者に語りかけるとき、最初に問うのは、幸せと償いは同じ方向にあると思いますか、という問いかけです。

中には講師が喜ぶ答えを考えてしまう受刑者もいますが、おおむね、自分は笑顔を見せてはいけないとか、青い空を「青い」と思ってはいけないと考えてきた人が多くて、幸せと償いは反対方向にあるという反応なんです。

私は違うと思っていて、自分が幸せを感じられない人が、他人の幸せを願うって無理じゃないかと思うんです。こういうことが幸せだと自分が感じられて、目の前の人のことが考えられて、その先に被害者のことがあると思うんです。自分の幸せが一番最初で、真面目に粛々と生きて、幸せとか希望ということを感じ続けられる。それができて初めて被害者の幸せを願うことや祈ることができるんじゃないかと思うんです」

私は、「それは事件に遭ってからそう考えるようになられたのですか」という、不作法な質問をした。

「そうです。それまでは償いと幸せは一緒には求められないと思っていました。幸せは、加害者が求めてはいけないものだと思ってました。でも、何度も刑務所に足を運び受刑者との対話を重ねるうちに、幸せを感じる、求める心を持っていないと被害者のことは思えないだろうと、だんだんとそういうふうに考えるようになってきたんです」

美祢社会復帰促進センターに行き始めた頃は、償いとはなんでしょう？　と今ならしない質問を受刑者に問いかけていたという。

「刑務所の指導教官らが、受刑者の改悛《かいしゅん》の情を耕している。そこに私の自己紹介をしっかりして、あなたが事件を起こしてしまった心境にしてしまったもの、環境や生い立ち、あなたを追い詰めたものは何かなかったのかを聞いていきます。そこは自分たちで封印してしまっているところじゃないかと思うので、まずは自分の今の心を認めてほしい」

中谷は受刑者に、娘の写真などが貼ってある「スケッチブック」を見て語りかけるという。

確かにこの世を謳歌《おうか》していた「命」の証を、言葉だけでなく、視覚からも受刑者に届ける。すると、言葉が息を吹き返したかのように生気をまとい、被害者の姿になって歩き出していくのではないか。そんなことを中谷はいつも祈るのだろう。

中谷はかすかに涙声になりながら、私に話した。

「事件の帰り道は土砂降りでした。あのときの雨のような真っ暗な感情、憎しみ、怒りがなかったとはいいません。でも、娘のことだけを考えてきたようにも思う。なんでどうして、楽しんでいた学校に行っていたのに帰ってこれなくなるようなことになってしまったのか……。加害者に何が起きたのか、歩にも彼にも聞いてみたいです。どうしたら防げたんだろうと……。

加害者が生きることを大事にしてくれてたら、まわりの人も大切にしてくれたら起きなかっただろうなという考えに行き着いた。彼は自殺してしまった。償いから逃げたんだと思った。

もし生きていたら……と考えようにも、私たちとコンタクトが取れないというところで止まってしまって……。だから、その先が想像できないんです。自殺していなかったら、被害者遺族として、裁判やいろいろな方法で加害者とコンタクトを取っていたかどうか、わかりません。ただ、娘の歩だったらどうするかといつも考えます。友だちに囲まれて生きていた歩だったら、こんな事件を起こさないために、悲しい思いをする人がいないように、歩ならどうするだろうと……。憎しみの連鎖をあの子は望まないんじゃないかって。

自分を変えたい者だけに通じる言葉かもしれない、「幸せを感じる心を持っていてほしい」

と中谷は何度も言った。

「刑務所などの矯正施設で心を耕し、いいタイミングでいい教材や人などに出会えば人間は変わることができると思います。だから、矯正教育はすごく大事だと思うんです。加害者は被害者からの言葉は一番遠ざけたいでしょうけど、だから届くこともあると思います。それを受け止める気持ちになってほしい。

そして、贖罪には、被害者が求める贖罪と加害者が自分に向けてできる贖罪と、二面あるように思います。

被害者が求める贖罪に対しては、加害者はそれを達成するためにできる努力はずっと続けてほしい。謝罪に行くことも、墓参りも、金銭的なこともあるでしょう。もし、被害者が謝罪の手紙はいらないと拒絶したとしたら、投函しなくても書き続ける努力は無駄ではない。年月のうちに被害者の思いも変わるかもしれませんし……。

加害者が自分に向けてできる贖罪、これは生きること。前を向いて、粛々と、再犯しないで生きること。同じシチュエーションになっても同じ過ちを犯さず、幸せを感じる心を持って生きることが贖罪になると思います。相手への贖罪と自分の中での贖罪と両面が必要だと」

中谷は『命のスケッチブック』の中で加害者へ「彼に言いたいこと」と題して次のように語

っている。
「彼は自分勝手な罪を犯して、結局、何も語らず、自殺してしまいました。（中略）彼が本当の意味で、自分の人生のこと、つまり『生きる』ということを真剣に考えてくれていたら、あんな事件は起こらなかったし、彼が自殺することもなかったのではないか、ということ」

中谷を取り上げたあるネット記事の見出しが、「犯罪の加害者を責めません」となっていることを私が指摘すると、「あれは私の本意ではありませんよ」とかぶりを大きくふった。

後日、中谷と交わした話の内容を水原に伝えるとこんな答えが返ってきた。

幸せを感じることと償いは同じ方向を向いているということについてですが、以前の自分でしたら否定していたと思います。中谷さんが「償い」という言葉をどのような意味合いで使われているのかわかりませんが、そのニュアンスは理解できます。ただ、同じ方向を向いているという言葉にはやや疑問があります。それが「反省」や「更生」は、「幸せを感じる」ことと「同じ方向を向いている」ならわかりますが。ですが、幸せを感じることで償いにつながることはあるかもしれませんが、「方向」は同じではないと思います。幸せを感じる心を持つことの必要性は理解できますが、それは反省の土台があってこそだと思います。

「俺は何をしてんだろう」

某日。水原からの手紙。自分が犯罪者に堕《お》ちてしまうことから引き返すことができたかもしれない「ある瞬間」について綴られていた。それは、ただ漂泊するように生きてきた水原に当時残されていた、奈落に落ちないための最後の命綱だったのかもしれなかった。

20代のはじめに実はこんなことがあったのです。闇金融をやっていた頃、入金のためコンビニに向かい、公園を横切ったときのことです。

ブランコ、すべり台、砂場、動物の模型にバネのついた乗り物がある、こぢんまりとした公園でした。数本の桜が静寂《しじま》に咲き誇っていました。砂場では5歳くらいの男の子が一生懸命に山をつくっており、傍らには母親がしゃがんで、その様子を見守っていました。

桜が舞う中、ベンチでは若いOLが弁当箱を広げ、昼食をとっていました。別のベンチではスーツ姿の猫背の男がコンビニ弁当を食べていました。そんな人らを見つつ、長閑《のどか》という言葉をそのまま具現したような情景だな、とそんなことを考えながら歩いていました。気がつくと、突然、「俺は何をしてんだろう」という問いが全身を駆け巡りました。

くと足は止まっており、「俺はこのままでいいんだろうか」と考えていました。

辺りに目をやると、公園に面した家の縁側で高齢の女性が桜を見ながらお茶を飲んでいました。無邪気に遊ぶ子、ベンチのOLと男、そして老婆……。刹那、さまざまな感情や思いが激しく入り乱れました。胸の奥底から込み上げてくるものがあり、そして「俺はこの空間にいちゃいけない人間だ」と思ったのです。そうして足早に公園をあとにしました。

残念ながら、その直後にはまたいつもの堕落した生活に戻っていました。

なぜあのようなことが起こったのか、わかりません。あんな体験は後にも先にもありません。

思えばあれは最後の通告、チャンスだったのでしょう。あのとき、自分の心の揺れときちんと向き合っていたら、と何度思ったことでしょうか。

そのほんのわずかなときが水原を引き止めようとした、何かの表徴だったのかもしれない。

しかし、水原は無意識で気づきながらも流されて、落ちていくのである。

第三章　夢

事件当時の自分と向き合いたい

水原紘心の覚醒は、服役という特殊な環境下で、たとえば第一章で触れた幼い女の子の利他的な詩と出会い、意識下で融合していったように私は受け取った。

共感性が耕されていった水原は、犯罪被害者や被害者遺族の言葉が心身にしみ入るようになっていったのだろうか。

加害者＝受刑者はいったん服役してしまうと、刑事記録を取り寄せて犯した罪を反芻することは、まず、ない。再審を準備している者は別だが、服役すると自分の罪の記憶は遠ざけられる。しかし水原はそれをおこなっていた。すべてではないが、自分が弁護を受けた弁護士を通じて刑事記録を取り寄せ、傍らに置いて折りに触れて読み返しているという。

一度、私は水原から犯行当日の気象情報を送ってほしいと頼まれ、気象台の記録を調べ、プリントアウトをして応じた。

理由を尋ねると、当日のことをきちんと覚えておくためで、犯行後、雨でも降っていたら被害者は濡《ぬ》れ鼠《ねずみ》のような状態で息絶えたのではないかと思っていたからだった。彼が考えたその方法も、犯した罪の記憶を正確に定着させる一つの方法だった。刑務所という時空で過去の自分を見つめ直すための方法は、単に模範的受刑者になることを目指すためだけではなく、何かしらの犯行当時に自分を引き戻すものでなければ意味がない。そのことを実感した水原はできることを探し、実践していた。それが贖罪の念を深めていく一つのきっかけにつながると考えたのだろう。

先ほど書いたように、服役してから水原は自身の刑事記録をいくつか手に入れていた。目的は再審のためではない。手元に記録を置いて常に読み直していないと、記憶は薄れていってしまう。記録には過去の自分がいる。一言でいえば、事件当時の自分自身と向き合うためだ。

そのことについて水原はこう書いてきた。


自身の公判記録や取り調べ調書については、自分の発言やご遺族の方の発言を振り返ろうと取得したく、法テラスや弁護士会などに手紙を書いたのですが（自身の担当だった弁護士の住所が変わり連絡がとれなかったため）、いずれも弁護士の紹介はしていないと返答が届き、以前からどうしようかと思っていたのですが、最近になり、弁護士の連絡先がわかり、取得の手続きをしました。

情状面に関しましては、母が情状証人となってくれました。


母親が情状証人となったことは、第一章で触れた通りである。そのときも、弁護士に任せっきりだったようだ。そのことを水原は後悔していた。


弁護士の弁護には納得も不満もありませんでした。今思えば、あのときは受動的で弁護士に一任してました。あの頃は、刑が少しでも軽くなってくれればと思っていましたが、そのために弁護士にああしてほしい、こうしてほしいということは言いませんでした。

また逆に被害者の方やご遺族に申し訳ないから、こういうことは〈弁護〉しないでくれとも言うことはありませんでした。

弁護士との接見では、「これはこういうふうにするから」「こう主張するから」と言われ、「はい、わかりました」といった感じでした。母が情状証人になってくれることにも肯定も否定もせず、「はい、わかりました」と言っていました。裁判とはこういうものなんだなと弁護士にまかせていました。

あの頃、弁護士が減刑のために心神喪失などを主張すると言われていたら、自分は「はい、お願いします」と答えていたと思います。自分から進んで頼みはしませんが、話をされたら逡巡することなく「はい」と答えていたはずです。

あの頃は、反省の仕方や罪との向き合い方もわかっていませんでした。そして、そういうことを考えるという頭もありませんでした。また、どうしてそういうことをしてしまったのか、何が原因だったのか、そういうことに目を向けることもしませんでした。

大変なことをしてしまった被害者の方に、ご遺族に申し訳ないと思っていましたが、そこで思考が止まっていたのです。

今でこそ、〝心の在り方〟や〝生き方〟、〝善くあるとは〟などといったことに目を向け、日々自問し、自身のこの先の生き方について思いを巡らせていますが、あの頃は罪の意識はあるものの、その反省は表面的で「反省」ではなくただ「後悔」していたのです。

申し訳ないことをしたと思いつつも自分のことばかり考えていました。何年うたれるのか〔懲役年数が決まるのか〕、この先どうなるのか、刑も軽くなってほしいと考えたり、弁護士との接し方、裁判への臨み方、そういったところに罪に対する思い、姿勢というものが如実に表れていました。

主に被害者を故意に死亡させたような事件の加害者は、逮捕直後はまさに水原がそうであったように、どうにでもなれと自暴自棄の思考状態にあったり、あるいは死刑になりたいという逆の意味で自棄の者もいる。

また、法廷で被害者や被害者遺族を罵る者もいる。いけしゃあしゃあと嘘をつく者もいる。弁護士にうながされて自分に有利に働くことだけを語ろうとする者もいる。少しでも量刑を軽くするために弁護士との接見に余念がない者もいる。明らかに表面だけの「反省」を見せることも多い。まったく反省の弁すら口にせず、刑事弁護人と意思の疎通ができていない者もいる。意図的に黙秘権を行使せずとも、ほぼ黙した状態でいる者もいる。それはわざとそうしているのか、緘黙《かんもく》的な気質なのか、あるいは緊張のあまり「語る」ということができないのか、百人百様である。

何らかの障害で言葉を発することができない者も私はずいぶん見てきた。刑事代理人の弁護士は基本的に被告人を防御してくれるし、被告人は都合の悪いことは言わなくていい。が、検察官からの尋問は容赦なく厳しい。被告人が答えないでいると検察官の一方的かつ矢継ぎ早な質問が続き、弁護士が裁判長に異議を申し立てたり、ときには裁判長が割って入ることもあった。

裁判官からの念を押すような質問も重い。裁判員からの間隙を突くような鋭い質問もある。

事件直後の刑事法廷はそうやって事実性を争う場なのだが、どうしても法律を駆使する論戦の場になってしまいがちで、加害者に「本当のこと」を語ってほしいという被害者や被害者遺族の素朴な願いは、論戦の渦中に虚しく散ることが多い。

水原の刑事裁判は、被告人の水原にとってどこか人ごとのようでもあり、心ここにあらずといった印象を与えたに違いない。先にも書いたが、水原は弁護人に一任してしまったことを後悔している。

そして償いの意味も知らずに「一生かけて償っていきたいと思います」などと（裁判で）口にしました。そのすべてを悔いています。藤井さんの書いておられる「罪と真正面から向き合う」ことをしていませんでした。

できることなら公判をもう一度やり直せたらと、そう思うばかりです。

水原は事件直後の公判での自身のたちふるまいや心の持ちようを省みるために記録を読み、できることなら正確な事実——先述したように水原は警察官に嘘の供述をしている——に基づいた裁判を受け直したいという気持ちすら持っている。

池田小殺傷事件とグリーフケア

私は、一人の犯罪被害者遺族の「語り」(『ハルメク』二〇一七年五月号に掲載)を水原に送ったことがある。

二〇〇一年に大阪教育大学附属池田小学校で起きた、宅間守《たくま》――二〇〇四年に死刑執行――により八人の子どもたちが殺害されるという事件が起きた。その八人の子どものうちの一人、本郷優希《ゆき》ちゃんの母親・本郷由美子の、事件から一五年以上が経過した時点での「語り」だ。

現在、本郷は精神対話士という、悩みなどを抱えた人との〝対話〟を通じて援助をおこなう専門職についている。一九九三年に医師らが設立した一般財団法人メンタルケア協会の民間資格を取り、犯罪に遭った人だけでなく、病、事故、災害被害者、アディクションに苦しむ人、老い……さまざまな困難を抱えて生きる人々と対話をする仕事だ。その中には「加害者」といわれる側の人も含まれている。

記事から引用したい。

本郷　生きる基盤を喪失して、事件後は見ているものの色も感じなくなったし、人の声もはっきり聞こえない。匂いも味もしない。ものを触っても、熱い冷たい、硬い軟らかいという感覚すらなくなって、自分はもう精神的に死んでいるんだと思いました。今思えば、これ以上刺激を与えたら壊れてしまうから、何も感じないようにしようという体の自己防衛本能だったのでしょうね。このまま消えてなくなりたいと願ったけれど、死ぬことも何もできませんでした。

質問者　生きる力を喪失した本郷さんが、それでも生きていこうという気持ちになったのは、ある事実を知ったときでした。

本郷　娘は心臓を刺され、即死だったと警察から聞かされていました。でも事件からしばらくして、教室で刺された娘が、致命傷を負いながらも廊下まで逃げ出て、校舎の出口に向かって懸命に歩いていたことがわかったんです。私は娘が力尽きた現場に行き、廊下に点々と続く血の痕をたどりました。私の足で68歩分。娘はどんな気持ちだったのか、私は少しでも感じたくて、毎日毎日その廊下を歩きました。最初は「お母さん、助けて」と言っている娘の苦しそうな顔しか浮かんできませんでした。でも痛みに寄り添っていくうちに、本当に最期の瞬間まで一生懸命生きようとした娘の笑顔が浮かんできたんです。ああ、人が生き抜く力はこんなに強いんだって、娘が命がけで教えてくれた。だから私は、ここで止まってはいけない、ちゃんと歩いて行こうと思いました。だけど、あまりにもつらいことだから、「神様、私はこの68歩分をしっかりと生きます。もし願いをかなえてもらえるなら、69歩目を娘と一緒に歩かせてください」と誓ったんです。

質問者 深い悲しみを抱えながらも、歩き出そうと思い始めた本郷さんを支えたのは、黙ってそばにいてくれた人たちでした。

本郷 もう逃げることはできない、ちゃんと真剣に生きようと思ったとき、たくさんの人たちの存在を感じたんです。事件後すぐ駆けつけて共に涙を流してくれた犯罪被害者家族の方たち、ただそばにいてくれた友人たち、下の娘の幼稚園の送り迎えや日常をサポートしてくれた近所の人たち、学校の先生方や保護者の方々……。苦しいときに、静かに寄り添ってくれた人たちの存在が何よりも支えとなり、私は一人じゃないんだと感じることができました。

質問者 自分も誰かの支えになりたいと思うようになった本郷さんは、事件から4年後、対話を通じて傷ついた人をケアする精神対話士の資格を取得しました。さらに11年から3年間、上智大学グリーフケア研究所で学び、グリーフケアの専門資格も取得。これまで娘を事故で亡くした人や病院で終末期医療を受けている人などの元に出向き、ケアを行ってきました。

本郷 大きな喪失の後、「時間が止まってしまった」と多くの方がおっしゃいます。現実の時の流れと、自分の中の時の流れとの差が開けば開くほど、孤独に陥ってしまう。私はその止まっている時間に身と心を置き、対話をすることを心掛けています。私自身、苦しみを一人ではどうすることもできず、誰かに話しては納得することを繰り返してきました。だから相手に寄り添い、話を聞くことが大事な支援になると信じているんです。

水原はこの被害者遺族の「語り」を読み、どう感じたのだろうか。遺族は、取り返しがつかない喪失やグリーフ（悲嘆）を抱えてしまった後の人生を歩む。歩み方は人それぞれだろうが、水原ら「殺した側」はそういったことを想像することがあるのだろうか。

あるいは、想像させるような矯正プログラムはどれほど用意されているのだろうか。一方で本郷含めて一部の被害者遺族の中では、被害から一定の時間を経過した後、「グリーフケア」を積極的に学ぶ人たちが目につくようになってきた。

しばらくすると、記事を読んだ水原からこんな手紙が届いた。

「68歩」。自分はまず致命傷を負いながら懸命に生きようとする優希ちゃんの姿を思いました。68歩、距離にして三十数メートルほどでしょうか。優希ちゃんは「お母さん、助けて」と痛みに耐えながら必死に歩を進めたのだと思います。

どれほど怖かったか、どれほど痛かったか、優希ちゃんの苦しみ、本郷さんの喪失感を思うと言葉もありません。
自分は同じことをしたのです。

見知らぬ人から突然、激しい暴行を受け、命の尽きるまでの間、何を思っていたでしょうか。どれほど怖かったか。どれほど生きたかったか。それらを思いますが、最後にはいつも、こうして自分がのうのうと生きているという事実だけが残るのです。

午前中の作業を終え、食堂で昼食をとっていますと、NHKのニュースが背中に聞こえてきます。

「○○で男性が刺されて死亡した」「○○で女性の遺体が見つかった」

そんなニュースが毎日聞こえてきます。毎日、毎日、人が殺されています。本当に毎日です。それら被害者のそのときの思いや痛みなどを思いますが、反射的に自分のしたことを思います。そしてやはり最後には自分がこうして生きているという事実だけが重く突きつけられるのです。

さまざまな被害者遺族の言葉

某日。水原は拙著の『少年犯罪被害者遺族』(中公新書ラクレ、二〇〇六年)、『殺された側の論理』、『アフター・ザ・クライム―犯罪被害者遺族が語る「事件後」のリアル』(講談社、二〇一一年)、『「少年A」被害者遺族の慟哭《どうこく》』(小学館新書、二〇一五年)から、自分を「罰している」と受け取った言葉を抜き出して書き送ってきた。

どの本にも、「仕事をすること、生きることがどうでもよくなる。加害者が憎くて殺してやりたいという殺意を押し殺して生活をすることで精一杯になる」という旨の遺族の言葉が出てくるが、その言葉を水原は毎日、反芻しているという。

ご遺族の言葉でとくに考えさせられた箇所についてですが、まず、武るり子さん(『少年犯罪被害者遺族』から)の、「私は一生憎むことを大事にしたい。そういう気持ちを失いたくないし、私は加害者に癒やされたくない」、それから、宮田幸久さん(同書)の「私は彼らの人生に関心などまったくありません。(中略)更生しないことにもちろん怒ります、更生したとしても新たな怒りが湧く、これが当事者なのですよ」、村井玲子さん(同書)の「あなたは事件後、私たちがどのような生活をしているかわかりますか? これからあなたはどう生きていこうと思いますか? これから息子〔拙著では実名。以下同〕や私たちに何をしてくれますか? 私たちの生活を想像したことはありますか? 私は母親としてあなたたちを一生赦すことはできません。(中略)私は毎日、息子のことを忘れることはありません。息子と共に日々を送っています。辛い毎日です。でも、生きていかなければならないのです」です。
『アフター・ザ・クライム』からは、渡邉美保《わたなべ》さん〔被害者〕の妹さんの「大勢の人から愛されて育ったから、人を恨んで生きた事がない。正直憎しみ方が分からない」、同書の渡邉保さん〔被害者の父親〕の〔娘が殺害されたことが死につながったと考えられる妻の言葉に対して〕「俺を責めるのか、それはないだろう……。そう一瞬思いましたが、それは女房の本心ではなかったと思います。〔中略〕薬の影響もあり、周囲にあたるようになっていましたから。誰かを責めなければ、気持ちが収まらなかったということもあるかもしれません」などのお言葉から事件後の家族間について考えさせられています。

補足をすると、渡邉さんの妻、つまり被害者の渡邉美保さんの母親は事件後、著しく精神を病み、電車にはねられて死亡したのだ。自殺なのか事故なのか、はっきりしたことは判明しなかったが、加害者が母親までも「殺した」ことは間違いないといえるだろう。

同書の上原和男さん〔被害者の父親〕の「ぼくは妻に怒るんですよ、泣いて娘〔被害者・拙著では実名〕がふたり帰ってくるんやったらなんぼでも泣いたらって。泣いたって帰ってけえへんやろ、と。それは一時間も二時間も仏壇の前で泣かれてみ、聞いているほうも苦しいんやから」。

『殺された側の論理』に書かれてある青木和代さんの、「どんなにむごい状況で息子〔拙著では実名。以下同〕が死んでいったのかを調書を読んで知り、写真を見たりして泣きました。（中略）ショックで〔調書を〕読むことができませんでしたが、1字見ては泣き、1字見ては泣き、気が狂いそうになりながら読みました」「どんなに生きたかったたか、どんなに悔しかったか、生きることができなかった、息子の命の重みを考えてほしいです。一生戻ってこない息子の命の重みを考えてほしいです。（中略）理不尽に命を奪われた息子の無念を真剣に考えてください」です。

水原はこう続けて書いていた。

『「少年A」被害者遺族の慟哭』のユウカさん〔拙著でも仮名・被害者の母親〕の、「調書の中にタケシ〔拙著でも仮名〕の暴行された全裸の写真もありました。（中略）余りにもむごい姿でした。私は胸が苦しくなりました。とても辛くて、涙が止まりませんでした。（中略）とくに集中的に殴られた部分は、皮膚が赤黒く変色していました。打たれていない場所などありません。言葉では言い表せないぐらい本当にむごい姿でした。想像以上のむごい、ひどい姿でした」。

同書の、市原千代子さんの「それは土下座を含めて、自分を納得させたいだけの行為で、被害者や被害者遺族の気持ちは何も考えていない。ひとりよがりの謝罪です。そうすることで、彼は謝罪が終わったものと思い込んでいるのです」「赦すか、赦さないかという、二者択一ではありません。そういう複雑な私の思いを、うまく言葉にして伝えることができない、というもどかしさもあります」。

小木法子《のりこ》さん（同書）の「加害者に対する憎しみはいまでもあります。憎しみだけでは前に進めないけれど、赦すこともありえません。憎しみ100パーセント、赦さないも100パーセントの気持ちです。加害者は賠償金を支払うことで、罪を償おうとしていることは理解しようと思っています。理解していくしかない。でも、その〝理解〟は〝赦す〟とは違うんです。この感情を言葉にするのは難しいのですが」。

これらのご遺族の方々の言葉をノートに書き写し、読み返しますが、その言葉は重く、上に挙げたものだけでなく、すべてが自分のしたことの意味を考えさせられます。

『殺された側の論理』に記録されている本村洋さんの「毎日思い出し、そして己の犯した罪の大きさを悟る努力をしなければならない」「君が犯した罪は万死に値します。いかなる判決が下されようとも、このことだけは忘れないで欲しい」という言葉も脳裏に去来します。

本村洋の闘いについては、ジャーナリスト・門田隆将《りゅうしょう》のノンフィクション作品『なぜ君は絶望と闘えたのか―本村洋の3300日』（新潮社、二〇〇八年）に詳しく書かれている。いわずもがな、一九九九年に山口県光市で起きた一八歳の少年が三人家族の妻と幼い娘を殺害した事件である。私も上記の『殺された側の論理』にルポをおさめ、『罪と罰』（本村洋・宮崎哲弥との共著、イースト・プレス、二〇〇九年）では本村と対話もしている。

マンガを読んで反省できるか？

某日。水原からの封書をあける。いつもながら几帳面な字が並んでいる。

自分はこれまで「更生」について根源的な善の「心」が大事だと考えてきました。そこにとてもウエイトを置いてきました。それは大事だと今も考えていますが、この頃は社会適応性も重要なファクターと考えるようになりました。

社会適応性というのは「人間性」の分野で「更生」とは別と考えていました。ですが、平時であれば、根源的な善の心があれば、「更生」に向かうことができますが、社会生活を送る上ではさまざまなストレス、逆境が生じ、その中では善の心だけでは負の引力に負けてしまうと思うのです。

人は逆境の中で弱さが出ます。ストレス下で、ただ耐え、善の心を保とうとするのは違うのではないかと考えるようになりました。昨今「アンガーマネージメント」や「認知行動療法」という言葉をよく目にしますが、怒りに対する適切な処理の仕方、適応的な認知力、対人スキルを身につけ「更生」に向かえる環境づくりをすることも重要だと思いました。

反省などの話ができる同囚がいます。なぜそのような話ができるようになったのか、その同囚と以前、何回か話したことがあるのですが、わからないんですよね。おそらく本やマンガの話をしていて、どういう本を買っているのか聞かれ、「以前はマンガを買っていたけど自分のしたことを考えて買うのをやめた」という話をし、そこから少しずつ被害者に対する思いや、家族に対する思いを話すようになったのだと思います。

水原は社会復帰した後の自身の耐性のようなことを考えていたらしい。いうまでもなく、刑務所の内と外ではまったく環境が異なる。刑務所はいわば無菌状態で、その環境下でアタマの中だけで自分に耐性をつけたつもりでも、それが煩悩に満ちた「娑婆」で通用するのか。「再犯」をしないと心に誓っても、無菌状態でかたちづくられた心は折れやすい。

付け加えると、水原の手紙を読むと「マンガ」を下等なものと思っているようなので、活字と同じように優劣があり、たとえば手塚治虫《おさむ》作品のような、すばらしい物語を描いた漫画作品と出会うことができていなかっただけだ、ということを伝えた。

すると水原はこんな返事をしてきた。


自分の指す「マンガ」というのは、活字に対するマンガ、ジャンルとしてのマンガではありません。自分が言うところのマンガはただの娯楽、趣味として読んでいるマンガのことです。活字が高級でマンガが低級とは考えていません。マンガの持つ「力」は認識しています。マンガは好きで以前はよく読んでいました。心が揺さぶられることもあり、深いものです。手塚治虫さんの作品は読んだことはありません。

自分がいささか否定的なニュアンスで書くのは、被害者の方に思いを致したとき、自分がマンガを読んでいる姿に疑問を持つからです。

「人を殺しておいてマンガ!? ふざけんな!」というのが一般論だと思います。ただ、マンガから得られるものがあるのも事実です。藤井さんのおっしゃる通り、すばらしいものもたくさんあります。ですが自分で買ってまで読むべきでないなと、そのお金をたとえば賠償金などに充てるのが筋ではないかと考えるのです。

藤井さん、たとえば自分が「ONE PIECE」や「鬼滅《きめつ》の刃《やいば》」を毎月買っていたらどう思います? 「こいつ反省してないな」と思いますか、それとも反省は別と考えますか。

自分はこれまで「欲」に呑《の》まれて生きてきました。その帰結として今、ここにいます。ですので、〔買わないのは〕その欲のコントロール、自制の訓練のひとつとしての意味もあります。本音の部分ではやはり読みたいです。

冒頭のただの娯楽、趣味として云々《うんぬん》の補足ですが、マンガを読むとき、ストーリーを楽しむのが第一義で、そのプロセスでたとえば勇気や希望、愛や悲しみや痛みなど、そういったものを得ると思います。なので娯楽が先にあり、そこから得るものはその後にあるので、後ろめたさを覚えます。ニュアンスがきちんと伝わるかわかりませんが。これは前回の手紙に書いた同囚と以前、論を交わしたのですが「んー、やっぱりそうだよな……」とお互いになりました。社会の人から見ると取るに足らない事柄に思えるかもしれませんが、ここにいる自分たちにとっては、そういった一つひとつが重要な意味を持つのです。

私はこの水原の質問には虚を衝かれた感じがした。流行《はや》りの漫画作品が世間的に高い評価を得ていて、かつ更生に役立つという理由ならば定期的に読んでも〔読ませても〕いいのだろうか——。

結論から言えば、構わない、と思う。その漫画作品が「社会」の一部ならば、それに触れさせることも意味があるのではないか。いい作品に出会えば、自分の血肉になる。作品の是非は自分で決めればよい。

が、彼の言っていることの本質は、今自分がおこなっていることは被害者への謝罪の心をより育てるためになるのかどうかを一義的に考えてきたが、もっと多角的に知見を得ることが、迂遠《うえん》なようでも「贖罪」につながるのではないか、という自身なりの迷いだろうと思った。

そして、漫画作品の世界に熱中するあまりに、他のことを考えられなくなるのではないかという、水原なりの畏れのようなものではないだろうか。

水原はこうも書いてきた。

またマンガだけでなく以上のいくつかの理由により、学習や勉強、自己啓発や人格形成のための本など、自己投資の書籍類も買うのを控えていました。まったく買わないわけではないのですが、やはりある種の疑問を覚えていたのです。後ろめたさなども。

「買うのを控えていた」と過去形で書きましたが、実はこの点に関しては最近考えがいくらか変わりつつあります。

半年ほど前、オヤジ（工場担当の職員）と話しているときに「確かにお前は反省について深く考えている。けど他のこともっと深く考えなくちゃいけない（対人スキルや社会性など）。反省だけに特化していたら、たとえばふるいにかけたとき、それはきちんと残るかもしれないけど、向きと角度によっては、ストンと落ちるぞ。バランスの悪さと何かを急《せ》いている感がある」との指摘を受けました。

それについてずっと考えていました。

これまで自分の思考の前提には被害者の方がいました。先に挙げたマンガや本にしても、笑うことや喜び、幸福などにしても。そして更生についても反省の深さ、善の心が何よりも肝要と考えていました。けれどもセルフコントロールや対人スキル、社会性などにも目を向けなければならないのかもしれません。何でもかんでも被害者の方を前提に思考するのは健全ではないのではないかと考えるようになったのです。

事件後の被害者と遺族のゆくえ

また、水原はこんな質問を私に投げかけてきたこともあった。

事件の受け止め方の相違から家族関係が悪化してしまったご遺族の方もおられると思う

のですが、そういう方たちについて、どのように悪化してしまったか、お教えいただけませんか。

水原の言う通り、「被害者遺族」の思いをステレオタイプに一括《ひとくく》りにするのは誤っている。親（保護者）と兄弟、親戚等々、怒りと悲しみの度合いはもちろん共通もするが、差異もある。社会に名乗り出て裁判を闘う被害者や被害者遺族は全体のごく一部である。自助グループなどをつくったり、社会的に訴えるアクションを起こすこと、こうしたものに参加することをためらう遺族も多い。「犯罪の被害者」というスティグマをはられることを恐れてしまう、社会の目を気にしてしまう、自分の身に起きたことを忘れてしまいたいなどが主な理由だと思う。社会の目は被害者や被害者遺族に対してもおうおうにして偏見を持つことが多い。被害者や被害者遺族をどこか避けるような風潮は日本社会にはある。

家族が被害者になったことが、家族内で不仲の原因になってしまったケースも私は多く見てきた。性犯罪のケースだと、支えるどころか訴え出ることを親が禁じることも珍しくない。性犯罪という「魂の殺人」の傷に家族が塩を塗り込むような結果を招くこともあるのだ。

性犯罪を誘発したのは被害者のほうだったとか、結婚など将来のことを考えると黙っていたほうがいいという、近親者からの錯誤甚だしい無理解や偏見が二次被害を生み、二重の苦しみを強いられる被害者に私は何人も会ってきた。そこから家族間に溝が生まれ、埋めようがないまま時間が経過していく。逆に親が自らの間違いに気づいていくこともあった。

また、親（保護者）が被害者にかかりきりになり、とくに被害者に幼いきょうだいがいた場合などは、視野からきょうだいの存在が外れがちになってしまうこともある。それほど、加害者と「闘う」ということは、被害者や被害者遺族（家族）の心身を削り、ときには砕き、消耗させることでもある。

作業報奨金と賠償金

某日。水原は損害賠償を求める民事裁判で原告（被害者や被害者遺族）が勝訴しても、大半の被告（加害者）が支払おうとする気もないこと、その財もないこと、刑務所の「作業報奨金」だけではとても払っていけないことも承知しており、そのことについて思うことを書き送ってきた。

民事の支払いの国の立て替えはやはり財源の問題で難しいのですね。報奨金の底上げについてはどうなのでしょうか。もちろん、底上げされても支払いは微々たるものですが、その支払いをするという行為も大事な気がします。その行為を通して謝罪の意思表示をするとともに、贖罪意識は保たれ、あるいは高まり、また自身の戒めになります。あくまで自己満足で、加害者側の視点ですが。報奨金が上がり、支払いできる環境が整備されれば支払いをする者も増え、贖罪意識も少しは高まるのではないでしょうか。

　高額な医療費や一家の大黒柱を失い、つらく苦しい思いをされている方への支払いが少しでも増えればとも思います。


　日弁連が二〇一八年におこなった調査によると、加害者に賠償を求めて民事裁判で賠償金額が確定したケースでは、殺人事件では金額のうち一三・三パーセント、強盗殺人では一・二パーセント、傷害致死で一六パーセントしか、支払われていないことが明らかになった。私の実感とも一致する。

　私は、意図的に支払いを拒否する者を何人も取材してきた。民事訴訟の損害賠償金の支払い命令（判決）は紙切れと同じで、強制力はないと悪知恵をつけている加害者が多いからだろうか。納得がいかない賠償金は払う必要がないなどと入れ知恵している刑事専門弁護士がいることも加害者から聞いたことがあるが、「法や正義の番人」として、そんな弁護士はごく少数だと思いたい。

　その上、支払い義務には一〇年の時効があり、一〇年目に再び被害者は自腹で裁判を起こし、支払い期限を延長しなくてはならない。もちろん、実際に支払い能力そのものがない者も大勢いる。ちなみに犯罪などの不法行為で生じた賠償金（債務）は自己破産で免除してもらうことはできない非免責債務である。

付け加えれば、国からの見舞金とでもいうべき「犯罪被害者等給付金」とは「遺族給付金（三二〇万〜二九六四・五万円）」、「重傷病給付金（上限一二〇万円）」、「障害給付金（一八万〜三九七四・四万円）」の三種類があり、被害者の当時の年収などから計算される。たとえば死亡事件の場合の最高額二九六四・五万円は「五〇〜五四歳で四人以上の家族を養っていく」場合となる。しかし、病やコロナ禍などで事件当時に被害者の収入が落ち込んでいた場合は最低額に近い額が算定されてしまう。額の引き上げと、運用の弾力化を進めることをやめないでいただきたい。

「犯罪白書」（令和三年版）によれば、令和二年度の犯罪被害者等給付金の支給額は八億二五〇九万円であった。家族を殺され収入を失ったり、一生涯働くことができなくなった被害者の現実を考えれば、すずめの涙のようなものなのである。

算定には被害者の「過失割合」も加味される。口論の末に殺害されれば、被害者にも過失があったと見なされ、「満額」は給付されない。極端にいえば、通り魔殺人事件の被害者のように、「過失」がゼロの場合しか「満額」は支給されない。私は何人もの被害者遺族に額を聞いたが、驚くべき安さであった。ある遺族――家族二人を見知らぬ男に殺害された――は、葬儀をしてクルマを買い換えたらなくなりました、と言っていた。おおよその額がわかろうものだ。民事裁判で確定した損害賠償金については、加害者が自殺した場合は当然支払うべき主体がいなくなるから、支払いはされなくなる。賠償金を月割りにした場合、最初の数カ月か数年だけ支払い、その後は行方をくらましてしまうことはざらだ。支払いゼロというケースも多い。

私が知る限り、ごく稀に損害賠償金が満額が支払われたのは主に少年事件で、親が資産家で一度に支払うか、裁判が終結した後に弁済計画を立てて――親や本人が――長い時間をかけて支払ったケースである。

しかし、金銭の支払いだけで、言葉による謝罪をともなうことはほとんどない。カネさえ払えば文句はないだろうという態度の加害者や加害者家族を私はたくさん取材してきた。

被害者遺族が社会的に何かを発言していてもそれらを一顧だにしない。私はある加害者の親子に会い、刊行されている被害者遺族の書いた手記を読んだことがあるかと尋ねたことがあるが、関心すらなかった。

毎月、賠償金が振り込まれているかどうかを通帳記入をして確認する遺族の気持ちを、私たちは考えたことがあるだろうか。

水原は、「自分が言うのもなんですが、民事判決文が紙切れ同然となっているというのはやりきれません」と書いてきた。

加害者が「笑う」ことの「罪」

某日。水原からの質問。

おうかがいしたいのですが、少年院や刑務所を見て回ったとき、所内のどのようなところを見て回ったのでしょうか。そのとき何を見、何を感じましたか。またユウカさんと少年院をまわった際、少年たちが笑顔でソフトボールをしている姿を見て、藤井さんは何を思いましたか。

ユウカさんとは、先述のように拙著『「少年A」被害者遺族の慟哭』に書いたシングルマザーの被害者遺族である。一人息子を複数の同級生らにリンチを受けて殺された。少年たちは「小屋の屋根から落ちて死んだ」と口裏を合わせていたが、すぐに警察に見破られた。

私はユウカさんに同伴して二名の加害少年が収容されている少年刑務所を見て回った。少年刑務所の内部を見て回るのはユウカさんの強い希望だった。私は取材という名目で少年院と交渉し、被害者へ配慮するという理由で実現したことがあった。二〇〇四年に成立した犯罪被害者等基本法を弾力的に運用した形の特例措置だった。

ただし、もちろん当日、ユウカさんの事件の加害者は目の届かない院内のどこかに移送されていたし、当該加害少年の生活の「におい」は、ユウカさんが見て回るのを許された場所からは消されていた。

私は見たままのことを水原に伝えた。少年院や刑務所を見学したときは、各作業風景や無人状態の個室、所内を歩くわけだから、隊列を組んで移動している光景にはよく出くわした。

私はこれまで、少年受刑者たちのピアカウンセリングも何度か見学した。ある刑務所では外部から、「特別改善指導」として覚醒剤などからの依存脱却を手助けする専門の更生施設「ダルク」のメンバーが来て体験談を受刑者に語ったり——覚醒剤で意識が錯乱して灯油をかぶり火をつけて全身やけどを負った人も参加していて、「(覚醒剤をやると)俺みたいになるぞ」と姿をさらして強い口調で語りかけていた——性犯罪者たちのピアカウンセリングにはカウンセラーが来て、歪んだ性意識をそのまま話させて、それがどのように間違っているのか、どうしてそのような意識を持ってしまったのかよく自身を見つめ直してみなさい、などと諭していた。

ちなみに性犯罪は受刑者の中では「格」が低く、軽蔑される存在だそうだ。受刑者同士で罪について話し合うことはむろん禁じられているが、それでも起居をともにしているうちにわかってくる。

どのピアカウンセリングも一〇人ほどが円形になって集まり、語り合うという方法だった。自分を見つめ直すのなら何をしゃべってもいい、というのが条件だった。意識を解放することによって、自身の意識を変えていく目的のプログラムだった。

刑事施設に収容される際に鑑別をおこなう事務所や、職員の部屋などにも私は入ったことがある。事前に、受刑者に話を聞きたいと申し込んでおけば、向こうが選んで数人はインタビューができた。が、彼らは「模範的受刑者」に違いないから、そこで聞き出せる内容は教科書のようだった。私はロボットと話しているような印象を持った。食堂で受刑者が食べるものと同じ食事を食べたことも何度もある。刑務所内の農園で受刑者自らが栽培した野菜なども食材として使われていた。

少年院や刑務所は見張りのような係が複数ついていて、かつ、見学コースも決まっているから「いいところ」だけを見せようとする。だから、受刑者たちの生活の実態は見ることができない。

一時的に「見学」しながら感じたことは、無言・無表情で働く受刑者たちが、寸分の間、私たちに向けた視線に込められた、何らかの意思だった。受刑者は娑婆からやってくる者に対しては皆礼儀正しいのだが、敵意剝《む》き出しの表情を向けてくる者もいた。

収容施設の職員は受刑者のプライバシー保護を常に口にしたが、取材者がまとう娑婆からの刺激をなるべく受けさせないようにするというのが本音だとも、私は思った。テレビ取材の場合は、オンエアする場面に受刑者の顔が映り込んでいないか、放送局まで制服を着た担当官がチェックをしにきていた。事前に映像を見せるというのが、取材の条件だったからだ。仮に顔が判別できるように映っていたらモザイクをかけるよう指示された。

ユウカさんの話に戻る。

彼女と並んでソフトボールに興ずる少年たちの笑顔を遠目に見たとき、「彼らは罪を覚えているんでしょうか。もう忘れているのでしょうか」と涙を流しながら呟《つぶや》いていたことが私には忘れられない。

人の命を奪ったからその「場」にいるのに、笑みがこぼれるときはある。「楽しい」「嬉しい」などの感情が出ることもある。そのときは、被害者のことや、犯した罪のことを忘れるのだろうか、私にはわからない。

一方で、私は被害者遺族の方から、心の底から笑えることはもう一生ないと思う、と何回も聞いたことがある。笑う、楽しむということで罪悪感に苛《さいな》まれるからだ。それでも、取材の折りにはよく酒を呑んで、些細なことで笑い合った。酒を呑んでカラオケで一緒に騒いだことも数えきれないほどある。

被害者遺族の自助グループでは集まりが終わった後は、必ずグループに分かれるなどして酒や珈琲《コーヒー》を飲んで語り合って、笑い、泣いた。気持ちを分かち合えるからこそ、遺族仲間で話し合う。私はそういった場に混ぜてもらうたびに、人は本能的につらい体験を覆うために笑うのか、それとも、そうではないのか、そこに答えを見つけようとするのは愚問だろうと思った。大切なのは、同じ「悲嘆」を抱えている者同士でしかわかり得ない通奏低音のようなものを共有していることだろう。だからこそ、安心をして笑い合えるし、悲憤をこらえることをしなくていい。

一方、大半の加害者は罪を、人を殺した記憶をだんだん薄めていく。何も反省がない者は、「笑うこと」にためらいがない。が、一方で、仮に激しい後悔と懺悔から「笑うこと」を可能な限り封じている水原のような者もいる。自分に禁を課すことは強靭《きょうじん》な精神力を保っておかないと精神が崩壊する可能性がある。水原はその崖っぷちを歩いているように私には思えた。

少年院や刑務所にも「個別的な罪を忘却させないため」といえるようなプログラムはない。規則正しい生活と労働を続けていけば人間は更生できるという考えが原則にあるので、それが履行できれば加害を忘れないだろうという「性善説」的な思想が矯正施設にはあるように私には思えて仕方がない。再犯しないで社会生活をさせるようにすることが刑務所の最低限の務めともいえる。とくに少年院送致は原則的に刑罰ではなく「保護処分」なので、自分のおこなっ

郵便はがき

料金受取人払郵便

神田局承認

3130

差出有効期間
2025年1月
31日まで
（切手不要）

101-8051

050

神田郵便局郵便
私書箱4号
集英社
愛読者カード係行

『集英社新書』

■この本をお読みになってのご意見・ご感想をお書きください。

※あなたのご意見・ご感想を本書の新聞・雑誌広告・集英社のホームページ等で

1.掲載してもよい　2.掲載しては困る

■集英社出版企画の資料にさせていただきますので、下記の設問にお答えください。それ以外の目的で利用することはありません。ご協力をお願い致します。

●お買い上げの本のタイトルをお書きください。

■この本を何でお知りになりましたか？（いくつでも○をおつけください）

1.新聞広告（新聞名　　　　　　　）　2.雑誌広告（雑誌名　　　　　　　）
3.新聞・雑誌の紹介記事で（新聞または雑誌名　　　　　　　）
4.本に挟み込みのチラシで（書名　　　　　　　）
5.集英社新書のホームページで　6.SNSで　7.友人から　8.書店で見て
9.テレビで（番組名　　　　　　　）　10.ラジオで（番組名　　　　　　　）
11.その他（　　　　　　　）

■本書の購入を決めた動機は何でしたか？（いくつでも○をおつけください）

1.書名にひかれたから　2.執筆者が好きだから　3.オビにひかれて
4.本書のカバー、内容紹介を見て興味を持ったから　5.目次を見て興味を持ったから
6.前書き（後書き）を読んで面白かったから　7.その他（　　　　　　　）

■最近お買い求めになった新書のタイトルを教えてください。

■あなたが今、関心のあるジャンル、テーマをお教えください。
（ジャンルの記号ならびにカッコ内のテーマに○をおつけください）

A.政治・経済（政治、経済、世界情勢、産業、法律）　**B.社会**（社会、環境、地球、ジャーナリズム、風俗、情報、仕事、女性）　**C.哲学・思想**（宗教、哲学、思想、言語、心理、文化論、ライフスタイル、人生論）　**D.歴史・地理**（世界史、日本史、民俗学、考古学、地理）　**E.教育・心理**（教育、育児、語学、心理）　**F.文芸・芸術**（文学、芸術、映画、随筆、紀行、音楽）　**G.科学**（科学、技術、ネイチャー、建築）　**H.ホビー・スポーツ**（ホビー、衣、食、住、ペット、芸能、スポーツ、旅）　**I.医療・健康**（医療、福祉、医学、薬学）　**J.その他**（　　　　　　　）

■定期購読新聞・雑誌は何ですか？

新聞（　　　　　　　）　雑誌（　　　　　　　）

■本書の読後感をお聞かせください。

1.面白い（YES・NO）　2.わかりやすい（YES・NO）　3.読みやすい（YES・NO）

お住まいの都道府県	都道府県	年齢　　歳 □男　□女
ご職業　1.学生〔中学・高校生、大学生、大学院生、専門学校生、その他〕　2.会社員　3.公務員　4.団体職員　5.教師・教育関係者　6.自営業　7.医師・医療関係者　8.自由業　9.主婦　10.フリーター（アルバイト）　11.無職　12.その他（　　　　）		

た罪から遠ざけることが更生の手助けになると考えられているようだった。「罪を忘れていく」ということの是非を問う前に、それが自明のことなのであれば、加害者は――もちろん、人にもよるが――「反省」の輪郭がぼやけ、内省を深めていくことが停止され、社会に戻る残り時間だけを数えるのが当たり前になっていくのではないか。刑務所であれ、少年院であれ、何らかの矯正施設で模範的にふるまうことだけに心身はただ慣れ、心の中は空洞化していくのではないか。

某日。水原からの手紙。

「毎日思い出し、そして己の犯した罪の大きさを悟る努力をしなければならない」「君が犯した罪は万死に値します。いかなる判決が下されようとも、このことだけは忘れないで欲しい」。これは本村洋さんの言葉です。この言葉をノートに記し、日々見返しています。「万死」。広辞苑を開くと「何度も死ぬこと」とあります。人の命を奪うということはまさに万死に値します。本村さんの話されるように、自分がしたことの罪の深さを悟る努力をしなければなりません。

笑うことはありますか、とのことですが、笑うことはあります。「笑う」ことは悪とし、避けることをしていますが、それでもやはり同囚との会話やテレビなどで笑っています。コミュニケーション上での受動的な笑いもあれば、ときに能動的に笑ってしまうことはあります。

後者ではもちろん、前者のときも「笑顔」になっている自分に対して罪悪感、自己嫌悪が常にあります。

どのような形であれ、人と接すると口元が緩んでしまうので、運動時間などはなるべく人を避け、一人筋トレをし、運動会やソフトボール大会などもあまり参加しないようにしています。

この「笑う」というのは、自分の在り方を問う中で、常に向き合わなければならない重要な命題の一つです。

集団生活の中で無表情でいれば、社会性を損なうのではないかと思う自分もいますが、「何言ってんだ、お前のしたことを考えろ。そんなのは関係ない」と思う自分もいます。

藤井さん、笑うことは罪でしょうか。

どうしたら人は変われるのかということについては、自分もいつも考えます。簡単なことではありませんが、人は必ず変われます。

自分はどうして思考が変わったのかについてもよく考えるのですが、「これだ」というのがわからないのです。ただ、以前、お話ししたように、自身に目を向けたことが、一つの起点ではあったと思います。

自分が生きていくための「夢」

罪人は、笑うことや食事を美味《おい》しいと感じることなどあってはならないと水原は長い間、自らに課してきた。が、収監当初はそうでもなかったという。それがあるときに変わった。水原はこう書いてきた。


服役当初は、被害者の方やご遺族に申し訳ないという気持ちはあったものの、平気で規則を破り、マンガを読み、同囚とふざけ与太を飛ばしていました。

しかしあるとき、このままでいいのだろうかと思ったのです。

被害者の方や母（自分の）が、今の姿を見たらどう思うだろうかと。

この前後に、藤井さんの『殺された側の論理』など被害者遺族の言葉を読み出したのです。ご遺族の方々の思いや、その実状を目のあたりにし、自分のしたことの意味を、人を殺すとは、どういうことなのかということを考えるようになりました。

藤井さんは言葉の獲得が「変わる」ことの重要なファクターとお考えですか。

人は思考する生き物です。そして言葉はその思考には欠かせないものです。語彙が豊かになれば、思考はより広く、深くなり、質も高まります。しかし、言葉の獲得は思考のツールの一つであり、二次的なものだと思います。

思考を深めるには必要なツールかもしれませんが、「変わる」という点で初めに大切なことは語彙の多少にかかわらず、自己の内に目を向ける根源的な視座であり、自己との対話です。そして自分のことを、自分のしたことの意味を「知ろう」とする心です。

答えになっていないかもしれませんが、すべてはその精神活動から始まると思います。

変わることは最終的にはその人次第ですが、藤井さんのおっしゃるように第三者のサポート、環境も欠かせないものです。一人では絶対にできません。自分もはじめは話せる人がおらず、独善的、自己満足、凝り固まった思考でした。贖罪などを話し合える同囚、折々に助言をくれる職員との出会いや環境があり、今があります。


第三者のサポートの必要性については第五章で触れる。一人で「考える」ことはとても重要なことだが、限界もある。私は常々、そう考えてきた。

水原からの手紙。刑務所で自己を見つめることの意味を、次の手紙を読んで私は考えさせられた。そしてタブーともとられかねない本音を伝えてきた。

独房というのは、考える時間はたくさんあるので、条件さえ整えば思考するのには非常に恵まれたところです。

乱暴な逆説ですが、自分は「人の命を奪った」からこそ、悔悟の情が芽生えたように思います。これが窃盗や傷害などでしたら、あるいはどうなっていたかわかりません。

反省の難しさは「継続」にあります。同囚に水を向けると、多くの人はやったことに対して申し訳ないと、悪いことをしたと思っています。ただ、それを言動に反映できてないんですね。

「朝な夕なに被害者に手を合わせている」人がいるとします。これだけ見るときちんと反省しているように見えますが、その「間」、つまり日常の生活ですね。そこにその思いが反映されていなければ、何の意味もありません。ぶつ切りなんです。「手を合わせる」という行為とその思いが「日常の生活」にリンクしていないんです。いくら朝、昼、晩に被害者に思いを致しても、その「間」が抜けていたら（マンガを読みあさったり、規則を破ったり、へらへら笑っていたり）意味がないんです。「点」ではなく、「線」での継続的な反省をしなければなりません。

これは激しくエネルギーを消耗し、非常に困難の伴う作業ですが、そういったことの気づきを与えることや、サポートすることができれば、贖罪意識も少しは変わるかもしれません。

人は一人で考え抜くことはとても困難で、ましてや贖罪とか、被害者や被害者遺族のことはどんどん脳裏から消え去っていく。たぶん水原は少数派なのだろう。どうしたら忘却することを、自分の中で止められるのか。奪った命のことを考え続けられるのか。やはり常に誰か第三者のサポート、外からの「刺激」がないと、「考えること」を後押しする人がいないと難しいのだろうか。

ちなみに私はこの手紙に対しては何も応えていない。水原がどのような人間であるか、当時はまだ想像もできなかったし、膨大な言葉を交換し続けた今もよくわからない。刑務所という拘禁された環境の中で「変わること」ができたかもしれないが、社会に戻ったときにそれは持続できるのか、前科者に対する社会の風当たりに耐えていくことができるのか。何より、被害者や被害者遺族と彼なりの向き合い方を生涯おこなっていけるのか。

某日。水原からの手紙。初めて、彼は自分の将来について書いてきた。

自分には目標、夢がいくつかあります。その一つが少年院の子や、受刑者に気づきやきっかけを与えたいというものです。自分はそういう活動をしていこうと思っています。

その子やその人たちに真っ当に生きてほしい、家族を悲しませないでほしい、そして、その人たちが再犯することで、どこかで悲しみ、苦しむ人を一人でもなくしたいと思うのです。同時にこの中のことを社会の人に知ってもらい、司法の在り方、矯正施設の在り方について一考してもらえたらとも思います。

未解決事件遺族のグリーフケア

未解決事件、つまり被害者がいるのに、加害者が見つかっていない。疑いが濃厚な人物がいるのに逮捕まで至っていないという事件である。そんなケースの遺族にも私は数多く取材してきた。

被害者遺族である入江杏《あん》の『この悲しみの意味を知ることができるなら―世田谷事件・喪失と再生の物語』（春秋社、二〇〇七年）から引用して私は水原に書き送った。入江は、二〇〇〇年末に起きた「世田谷一家殺人事件」の遺族である。加害者はまだ見つかっていない。入江もグリーフワークに取り組み、悲嘆や喪失とどう向き合って生きていくのかを考え、発信している。以下、水原に送った同書の一節である。

未解決ということの理不尽さ、辛さのひとつは、怒りの矛先の向けどころがないということだ。母は、大切なものを奪われた悲しみの直後から、身のうちから湧きあがる怒りの感情をもてあましているように見えた。なぜ、どうして？　あれほど平和だった日常を、一番身近にいて、自分も最もよく知るだけに、すべての禍々《まがまが》しい言葉に腹が立ってならないのだろう。

喪失の悲しみを伝えるのにふさわしい語彙を、誰でもが持っているわけではない。それは責めるべきことではないのだ。けれど、人それぞれの悲しみようの違いは、人の心を近づけたり、時に決定的に遠ざけたりする。喪失の悲しみ、悲嘆というものの複雑さを私は思い知った。

喪失の悲しみは人それぞれ、限りなく個的なものだ。誰とも比較するべきでもなく、悲しみようも人によって違うものだ。仮に犯人が逮捕されていて、怒りの矛先が向かう対象が明確なら、私たち遺族はより容易に心をひとつにできたかもしれない。憎しみの対象が明確ならば、もっと楽だったかもしれない。でも、こんな曖昧な中途半端な状態の中で、容赦なく襲いかかってくる残酷な事実の前には、ただ悲しみに打ちひしがれることしかできなかった。

水原は、「〔被害者遺族である入江さんは〕生涯安らかに年を迎えることはできないのではないでしょうか」と返信してきた。入江も著書の中で、朝起きてカーテンを開けるときが辛い旨を記している。苦しい一日が始まる、という実感を水原も含め、私たちは想像できるだろうか。

入江は「グリーフ＝悲嘆」と向き合い、先に紹介した同じ被害者遺族の中谷加代子らと活動を始めている。本郷由美子も精神対話士として歩みを止めない。そうやって積極的にグリーフワークを始めていく人、あるいは向き合う苦しさから遠ざかりたい人、する必要などないと思っている人、さまざまな百人百様の悲嘆や喪失、加害者への憎しみなどをあらわす方法がある。そう書き添えて、水原に手紙を送った。

私は未解決事件の被害者遺族、家族が行方知れずになった方々にも何人も取材したとき、そこにも単純に「未解決事件」などと括ってはいけないと痛感した。加害者に皆目見当がつかない通り魔的なケースもあったし、あと一歩で加害者が特定できるのに証拠がないなど、同じ未解決事件でもさまざまな様相を呈していたからだ。

だから「遺族」と「家族」を使い分けるようにしてきた。いつか生きて帰ってくるに違いないという思いを、どこかで自分に言い聞かせるようにして抱いて、捨てないようにしていたことを私は知り、そのことも水原に伝えた。
私は最終的に入江の同本を水原に差し入れ、感想を求めた。

入江杏さんの、朝カーテンを開けるときが「一日のうちで一番寂しい瞬間です」という言葉はとても切なく、苦しいものです。藤井さんのおっしゃる通り、ご遺族の方々も安らかに朝を迎えることはないのだと思います。

本書で、ヴィクトール・E・フランクルの引用があります。
「人生はそれ自体意味があるわけですから、……どんな状況でも人生にイエスと言うことができるのです。……人間はあらゆることにもかかわらず――困窮と死にもかかわらず、身体的心理的な病気の苦悩にもかかわらず、また強制収容所の運命の下にあったとしても――人生にイエスと言うことができるのです」(『それでも人生にイエスと言う』)

希望に満ちた力強い言葉ですが、これは自分のような人間には該当しないのでしょうね。〔入江さんの妹家族を殺した〕犯人は今どこで、何を思っているのでしょうか。ほくそ笑んでいるのでしょうか。いつ捕まるやもしれぬと怯《おび》えているのでしょうか。あるいは罪の意識に苛まれ苦しんでいるのでしょうか。

現時点では自身の変化についてご遺族に聞いてほしいか〔藤井からの質問〕とのことです

が、自分は伝えたいと思いません。ご遺族と何らかのコンタクトを取っていて、ご遺族が望まれるのならお伝えしたいですが、すべてを拒否されている現状ではただの押しつけになってしまうと思いますので。

『それでも人生にイエスと言う』（山田邦男・松田美佳訳、春秋社、一九九三年）の著者は、ナチスによる強制収容所から奇跡的に生還した人で、その体験を『夜と霧』（初版は一九五六年）という手記にまとめた。『夜と霧』は世界的に読み継がれていて、私も高校時代に読んだ。

この頃、水原は贖罪的行為を継続することに意味があると繰り返し書いていた。とても正鵠《せいこく》を得た指摘だと私は思ったたし、己を積極的に開示する言葉が多くなってきたようにも思った。

幸せについて

某日。水原からの手紙。このとき、私と水原は謝罪や贖罪につながるおこないを「継続すること」について意見を交換していた。次の手紙の中の言葉の、形而上とは形を持っていないもの、形而下は形があるもの、という意味だ。

「継続」のお話をしましたが、自分の言う継続とは写経や賠償などの形而下的なものではなく、形而上での、つまり精神の継続です。

日に一度、月に一度、あるいは年に一度、その行為をしているときだけ神妙な気持ちになっても意味がないんですよね。日常的にその心境を維持しなければならないのです。

人を殺した者でも、この中で、笑うこともあれば、幸福を感じることもあります。でも、自分が笑っているそのときに、ご遺族は嘆き、苦しんでいるかもしれないのです。

そういう思いを、意識を持つことが重要だと思うのです。自分が起こす言動のさまざまなシーンで意識を持つことが。

日常的に意識するのは難しいことではありますが、その精神の継続があっての贖罪行為だと思います。

反省のある者は、写経や賠償などをするかもしれませんが、写経や賠償をする者が反省しているとは限りません。

自分は手を合わせたり、自身に罰を与えたり、欲の自制をしたりしている中で、気づくと、その行為自体が目的となっていることがありました。それらは贖罪のための手段なのに、その行為をすることが目的となっていました。

意識するあまり目的と手段が倒錯していたのです。行為の根底には、被害者の方や、ご遺族への思いがあるのですが、被害者の方への思いからというよりも、行為自体をすることに意識がいっていました。

おそらく今も自分ではやっているつもり、考えているつもりと思っていることでも、抜けているところや思い違いはあると思います。あれこれ考え、わからないことながらも、自分なりの答え（考え）を持ちつつも、その上でその答えに常に懐疑的でなければならないと思います。

本質をついた文章だと思った。水原の言う通り、謝罪や贖罪とは形而上的でもあり、形而下的でもある。それは物理的な形を持たないことが多く、入り混じり、グラデーションがある上、当事者の主観によっても解釈が分かれるからだ。

某日。水原からの手紙。

幸福についてですが、あの頃は高級な車や高価な時計、あるいは値の張るアクセサリー、ブランド〔品〕、そしてお金を好きなときに好きなだけ使える、やりたいことをいつでも何でもできる、そういうものの中に幸福はあると思っていました。

正確に言えば、その頃は、幸福などについて考えを巡らすことなどなく、無意識的にそれらを求めていたので、今、思えば、ということですが、今思えば何と空《むな》しい人間でしょうか。

日々の小さな幸せを求めるということがありませんでした。そもそもそんなところに幸せがあるなどと思いもしませんでした。あるいは、あるときまでは、自分にそんな心があったのかもしれませんが、いつしかそんなものはどこかへ消え去ってしまったのです。

今では日々の小さな、ほんの小さな心の動きに幸福というものを感じますが、とても大きなものを、とても大切なものを得たように思います。

第四章　償い

判で押したような謝罪の手紙

某日。水原からの手紙に私への質問が記されていた。

〔藤井からの〕お手紙で「取材経験からいうと、真摯に謝罪をしている加害者は皆無といっていいでしょう。それは小説の世界でしかありえないことです。長期刑の場合は年に一回、命日に判で押したような謝罪の手紙が来るのがせいぜい」とありましたが、判で押したような謝罪の手紙とはどのようなものでしょうか。

自分はご遺族に手紙の受け取りを拒否されていますが、もし仮に受け取っていただけたとしても、真摯な謝意を伝えることができないと思います。以前、ご遺族にお手紙を受け取っていただいて翌年には拒否されたことについて、手紙に問題があったのだと思いますが、はたしてあの行為は正しかったのだろうかと今も考えます。

藤井さんがおっしゃるように、謝罪は被害者が「納得」するかどうかです。ここに加害者XとYがいるとします。二人は真摯な謝罪をしています——便宜的に真摯な謝罪というものがあるとして——Xの被害者はそれにある程度の納得をしています。Yの被害者はまったく納得していません。すると、二人はまったく同じ思い、行動をしていますが、Xは真摯な謝罪をしており、Yは真摯な謝罪をしていないことになります。「納得」とは相対的なものなので、それは道理にも思いますが、それゆえ謝罪ということについて考えます。


謝罪の言葉は事件直後だと、まず手紙で伝えるしか方法がない。「判で押したような」というのは、美辞麗句を並べ立て、見本があるような謝罪の言葉で定型化した文だ。私は数えきれない「謝罪文」を見てきたが、そういったものが圧倒的に多かった。「ごめんなさい」「一生をかけて償っていきます」の羅列。不快になるほどの「美文」。

自分の内側から湧き出てくるものではない、それを遺族の人たちは直感的に見抜くのだと思う。肩がぶつかってごめんなさいという程度の謝罪とは次元が違う。

たとえば弁護士などにアドバイスを受け、何について謝っているのかわからない、つまり罪を認めないような曖昧な謝罪文は、私でも一読すればそれが「偽物」であることがわかる。たとえば「このたびは○○さんを死なせる目に遭わせてしまってすみません」と、決して「殺してしまった」とは書かない。それは、検察官や裁判官に「謝罪文で罪を認めているではないか」と解釈されて、裁判に不利に働くことがあるからだ。

仮に罪を全面的に認める謝罪文を書いても、書いて提出したこと自体が情状酌量の材料になることもある。形だけかもしれない「謝罪文」が裁判の道具と化してしまっている現実を私は憂う。

「謝罪文」を受け取らない遺族も多い。弁護士経由で送られてきても開封はしない。むろん開封する気持ちになれないのも当然だが、「受け取って開封した」ということを、裁判所に対して弁護側が「謝罪を一部受け入れた」と主張する根拠としてしまうからだ。

それを裁判所も認定して、加害者にとって有利に働くことがある。被害者や被害者遺族にとっては「謝罪の手紙」が裁判にとってマイナス要素になったとしても、謝罪文が一通だけでそれ以後はないのか、仮に無視をしていたとしても定期的に届くのかを、被害者遺族は耐えながら観察していることも多い。水原が殺した被害者の遺族の心境はいかばかりだったろうか。

語彙の足りなさや拙さ、精神の幼さ、あるいは知能の問題などから、気持ちをうまく伝えられない加害者も少なくなく、加害者にしてみれば謝罪の気持ちを伝えたつもりが、被害者遺族の心情を逆撫でしてしまうこともままある。加害者から自己憐憫《れんびん》のにおいを感じ取れる手紙を何通も読んだ経験があるが、呆れてものがいえなくなった。

また事件後、短い時間で謝罪文など書けるはずがないととらえている被害者や被害者遺族は多い。さらに、刑事裁判を被告人に有利に進めるための手段にすぎないと考える被害者や遺族は多いので、手紙を早い段階で出したことがやはり被害者側の気持ちを逆撫でし、関係を絶たれてしまうこともある。出所後の報復を恐れる被害者遺族も少なくない。水原は後者のケースだ。

前にも触れたが、被害者や被害者遺族は手紙を「読む」気力さえ奪われている。それでも謝罪の手紙が一切こないことにも怒りを覚える。そんな一見相反するように見える被害者側のその葛藤の現実に、社会は想像が及ぶだろうか。

被害者は加害者のことを「人」と思うことができない。普通のコミュニケーションができる相手だと思えない。当たり前の感情である。

謝罪の手紙を出すタイミングについて、いい悪いの答えを私は持ち合わせていないが、加害者が書いたもの（手紙）すら触りたくない、事件直後に加害者が書いた直筆の字など見たくもないという遺族は多い。「殺人」という犯罪を前にして、それを詫びる言葉は無力なのだという考えを前提にしたほうがいいとは私は思う。

手紙をすぐに送るよりも先に加害者がやるべきこと。たとえば、まず刑事裁判で包み隠さず保身に走らずに真実を述べることを遺族は望む。法廷で謝罪の言葉を述べることもできるが、遺族にとっては「謝罪めいた言葉」にしか聞こえない、ただただ虚しいものである。美辞麗句であっても、心の中はわからないからだ。仮に罪状を一部「否認」していても、黙して言葉を発しないよりはいい。

黙秘権は容疑者にとって重要な防御権であることは間違いないが、同時に被害者遺族にとっては事実が何もわからないという残酷な結果も招く。無期懲役や死刑の求刑・判決が予想されるであろう事件の被告に対してはとにかく黙秘権を行使するようにうながす弁護士たちもいて、刑事弁護の専門誌で特集もされている。

遺族の多くは、法廷などで加害者と同じ空気を吸うのも嫌だという気持ちになるため、「命がけ」の思いで意見陳述をする。耐えきれず、出廷を取りやめたり、途中退席することもある。「死刑」や「極刑」という言葉は口に出さずとも——過去の判例などを悔しい思いで見ながら——限りなく重たい罰を望んでいると陳述をすることもある。この同じ地球上に存在してほしくない、死刑でなかったら一生刑務所の中で過ごすか、野垂れ死んでほしいという声もずいぶん私は聞いた。水原に被害者の遺体の写真を見せた遺族の気迫はすさまじいものだっただろう。

私の取材経験上、被害者や被害者遺族は刑事・民事裁判などを通じて新たな怒りを上乗せしていくことが多い。加害者を防御する立場上、弁護側はあの手この手を使い、ときには被害者や遺族を貶《おとし》めるような——被害者側の「過失」を問うときなど——発言をすることがあるが、それらにはらわたが煮えくり返る思いをさせられることがおうおうにしてあるからだ。弁護する側からしたらしごく当然な論なのかもしれないが、被害者や遺族からするとそれらは裁判を通じての「二次被害」ということになる。仕方がないことともいえるが、このことに鈍感な刑事弁護士とよく遭遇する。

結局、私は水原の問いに答えることができなかった。

仮釈放について

某日。「仮釈放」について私からの質問に、水原からこんな意見が返ってきた。仮釈放とは施設内処遇に対して社会内処遇とされ、満期までの刑期を社会内で保護観察を受けることなどを条件に塀の外で刑期を終えることができるというものだ。かつては仮出獄と言われた。

仮釈放の要件は、①有期の懲役・禁錮については刑期の三分の一を終えたこと、無期の懲役・禁錮については一〇年を経過したこと、②受刑者に改悛の状が認められる、が原則で、手続き的には更生保護法と法務省令により、刑務所からの申し出を受けて地方更生保護委員会が審理を開き、受刑者との面接等の調査を経て仮釈放を決定する、となる。

地方更生保護委員会はこの段階で遺族の意見や心情も聴取して重要視するが、仮釈放に同意せず、満期まで刑務所に収監させておくことなどを望む被害者遺族が、私の知る限りはそのすべてだった。

仮釈〔仮釈放〕についてですが、これは以前から自分の中で考えているのですが、現時点で明確な答えは出ていません。ご遺族からしたら二十数年という「軽い」刑なのに、その上、仮釈なんてとんでもないことと考えていますが、一方、母に早く顔を見せてやりたいという思いもあります。

ただ、シャバに出られなくてもいいと言ったら嘘になりますが、自分のしたことを思えばシャバに出たい、あるいは早く出たいという考えはありません。仮釈の申請は受刑者側が行う（行える）という性質のものではありません。こちらは申請のプロセスは何も知らされず、官側が諸条件を鑑み、それに適《かな》った者を官が申請します。

藤井さんの取材された本を読んで、保護観察所や更生保護委員会の方が、被害者遺族の方々の声を直にほとんど聞いたことがないということにいささか目を疑いました。被害者の実状をわかっていないんですね。実状をわかっていないことよりも、その実状を「知ろう」としていないことを危惧しますが、更生に携わる方たちの思考はそういうものなのでしょうか。加害者の在り方に絶望し、苦しまれているご遺族の姿はこの塀の中にはあまり伝わってないように思います。藤井さんのおっしゃるように〔そのあたりを〕サポートする役割が必要です。

本来ならば「仮釈放」があるはずの無期懲役刑は終身刑に近いのが現実だ。

平成二四年〜令和三年の法務省のデータでは無期懲役受刑者は平均一八〇〇人ほどで、新たに仮釈放となった人の平均在所期間は三〇年を超え——令和二年は平均三七年以上——、仮釈放は減少傾向にあり、刑務所で死亡した受刑者は上昇気味で近年は約三〇人である。同期間内に仮釈放で出所したのは計一〇六人となっている。無期懲役は実質的に終身刑に近い運用をされている実態がわかる。

が、しかし、何十年かかっても社会に出られる可能性があるからこそ己を省みることができるのだろうか。可能性がなかったらそれを放棄してしまうものなのか。そういう発想で終身刑を批判する向きもある。有期刑と「反省」、事実上の終身刑あるいは死刑と「反省」というのは関係性があるのだろうか。私にはわからない。

死刑囚が書いた手記を読むと、人さまざまである。手記を字面そのままに読むならば、死刑制度を批判し続けた者や、執行日に発狂せんばかりに暴れる者、自分の罪と見合うものは極刑しかないと受け入れた者もいる。

懲役と罪を償うこととは別物

某日。水原からの手紙には、将来はどうやって生きていけばいいのかという苦悩が書き綴られていた。

有期刑である自分は、満期日がくれば、社会に出ることになりますが、それはただの通過点でしかなく、ゴールでもなんでもありません。むしろそこからがスタートだと思います。法的な意味合いでの罪に対する罰は終わりますが、人の命を奪った者の罪、責任は消えることはありません。

ここではさまざまな制限があるので何かをしたくてもできませんが、社会に出たならば、その制限はありません。その中でどれだけ自制できるか、どれだけ自重できるかが肝要であり、享受できる喜びや幸福、楽しみに対して自制をうながしていかなければならないと考えています。

これをしていいのだろうか、これでいいのだろうかと日々の自身の言動や在り方に疑問や葛藤がありますが、その苦悩の中で生きていくことが命を奪った者の責任だと思います。

おそらくこの苦悩が消えることはないと思います。それがなくなったときは、自分が反省することをやめたことになります。

初めてお手紙をしたときにも申し上げましたが、命を奪った以上、何をしても償いにはなり得ませんが、その上で何ができるのか、何をしなければならないのかそれらを考え、行動していかなければならないとそう思います。

反省や償いについての今の考えをお話ししましたが、それらが償いになるなどとは口が裂けても言えませんし、そんなつもりは毛頭ありませんが、今はこのように考えています。

ご遺族への謝罪や民事訴訟のお支払いについても考えていかなければならないと思っています。

私は『凶悪』という映画作品を観た。白石和彌《しらいしかずや》監督の作品で、原作は『凶悪—ある死刑囚の告発』（新潮文庫、二〇〇九年）という本で、死刑判決が確定してから、告白していなかった別の殺人を記者に対して告白したという実話をもとにした作品である。

その加害者を操っていた「先生」という人物の存在が浮上する。それまでは加害者の自供がなかったために、その「先生」と呼ばれる人物は逮捕どころか、存在も確認されていなかった。しかし、死刑囚の告白により、「先生」の悪行が記者によって掘り返され、その「先生」もついに逮捕に至り、無期懲役判決が確定する。

映画の中で記者が「先生」と一度だけ面会したとき、俺は無期懲役になったが、俺を死刑にしたいと一番強く願っているのは、共犯者や被害者遺族じゃなくて、お前だというようなセリフで透明のアクリル板ごしに指さされるラストシーンが印象的だ。この記者の苗字が私と同じ設定になっていることもあり、自分に対して言われているような気持ちになった。

あくまで私の考えだが、メディアと被害者・被害者遺族は一体化していると思われがちだが、取材をする側は当事者になりかわることはできず、当事者と同じ気持ちになることもできない。当然、加害者に対してもまた質の違った憎しみや怒りを抱くと同時に、加害者を擁護する意味ではないが、なぜその犯罪が起きたのだろうかという、加害者への興味も湧いてくる。それがジャーナリズムの役割でもあると私は考えている。現実を記録したり、伝えることの先にある更生とか贖罪ということについて、私は自然と考えざるを得ないが、明確な答えを持つことは永遠にできないのではないかと思っている。

法律の手続き的には刑期を終えたら「償い」ということになると思っている受刑者が大半だと、これまで取材してきた矯正行政に関わる人たちも口を揃えていたが、その通りだと思う。

懲役などは国家から受けることを強制される罰であり、被害者や社会に対する償いとは別物であることは繰り返し述べてきた。たとえば被害者が起こした損害請求訴訟で確定した賠償金の支払いを続けていくことは一丁目一番地であり、無視したりすれば、反省はおろか贖罪の意思なしというふうにとられることになる。

罪を贖うのは被害者や被害者の遺族に対してである。加害者が生きて社会に出たとき、被害者遺族と具体的にどう向き合おうとするのか。どういうふうに奪った命のことを背負いながら生きていくのか――その長いプロセスの中で、贖罪というものが初めて形をあらわしてくるのではないか、としか私には言えない。

どうしたら人は反省するのか

臨床教育学者で犯罪者の更生についても研究してきた岡本茂樹の『反省させると犯罪者になります』（新潮新書、二〇一三年）は、そのタイトル通り通説に対してあえて経験的に逆説を展開していくという内容だった。大雑把にいうと、加害者は「反省文」を書き慣れていて、どう書けば反省していると思われるかを知っているので、心の中と違う、上辺だけの教科書的な「反省の言葉」に矯正関係の人はだまされるだろうということだ。

私は水原に、同書の「まえがき」の次のような箇所を抜き出して送った。岡本が少年院や刑務所での面接官の経験を書いている。引用した文章で「私」というのは著者の岡本を指し、「彼」と表記してあるのは服役している三〇代の男性で、殺人を犯している。

そこで私は「被害者に対して、謝罪するのではなく、手紙の形で本当の気持ちを書いてくださいませんか」と課題を提示したのです。後日、彼は被害者に対する手紙を持参して、私の面接を受けました。文面には、書き出しから被害者に対する否定的感情が書かれていましたが、後半からは、「思い切り言いたいことを書いてみて、はじめて私はとんでもないことをしたことに気づきました。理由はどうあれ、私があなたの命を奪ったことは事実です。私のしたことはけっして許されることではないことに今頃になって気づきました」と記され、文面の最後には「何と言って謝っていいか分かりません。私はなんということをしたのだろう……。本当にごめんなさい。本当にごめんなさい」と締めくくられていました。

その後、彼は幼少期に酒を飲んで暴力を振るった父親や養育を放棄した母親に対する否定的感情を手紙の形で数通書き、誰にも話したことのない怒りや憎しみを吐き出して、気持ちを整理していったのです。彼はみるみる変わりました。面接当初は険しい顔つきだったのが、とても穏やかな表情になったのです。心のなかにつまっていた否定的感情をすべて吐き出して、すっきりした気持ちになるのと同時に、被害者に対する謝罪の気持ちも深まっていったのです。（中略）受刑者の支援をするうえでも、「反省させてはいけない」のです。

この本は、法務省が導入している、「被害者の視点を取り入れた教育」にどちらかといえば批判的で、スタートさせるタイミングによっては効果が薄いのではないかというニュアンスがにじみ出ている。

刑事裁判での被害者への手紙は情状弁護の材料だと思われ——だいたい受け取ってもらえないことが多い——矯正施設がひな型をつくった「反省文」やら「謝罪文」には定型があるので加害者にとってさして意味はなく、先に加害者の内面を吐き出させるほうがよいのかもしれないという理屈だ。

水原にも「吐き出していない」ものがあるのだろうか。もしあるのならば、それを聞かせてほしいと伝えた。


岡本茂樹さんのその本は読んだことがありませんが、〔岡本さんの〕『無期懲役囚の更生は可能か』という本を以前読みました。その本は岡本さんがある受刑者と面接を重ね、受刑者の心情の変化などについて書かれたものでした。読了後はその受刑者に対して嫌悪感を抱きましたが、なるほどと考えさせられるものも多くありました。

7月の新刊4冊

限界突破の哲学

なぜ日本武道は世界で愛されるのか？

武道家は生涯現役。日々の鍛錬を積み重ね、体力と年齢の壁を超える！ 武道合わせて三十段を超えるニュージーランド人武道家が説く「身体と心の作法」。

アレキサンダー・ベネット
関西大学教授

定価1,067円
978-4-08-721322-5
C.哲学・思想

教養の鍛錬

日本の名著を読みなおす

名著には情熱がある！『善の研究』『風土』『君たちはどう生きるか』…悩める若者たちに感銘を与えてきた「必読書」を再読。現代にどんな示唆を与えるのか。

石井洋二郎
東京大学名誉教授

定価1,067円
978-4-08-721323-2
C.哲学・思想

秘密資料で読み解く

激動の韓国政治史

永野慎一郎
大東文化大学名誉教授

1,100円
8-721324-9
史・地理

その本を読んだときは、岡本さんの受刑者に対するアプローチにはあまり目はいかなくて、受刑者の心情や、その変化、気づきに目を向け読んでいました。

岡本さん〔が『反省させると犯罪者になります』で書いているの〕は加害者に対するアプローチの順序としてまず内面を吐き出させ、それから被害者感情を理解させたほうがよいということでしょうか。それとも順序の問題ではなく、被害者感情を理解させること自体が反省に効果がないということでしょうか。


もちろん、水原が言う後者のほうに意味がないとは岡本は書いていない。あくまで順番の問題なのだ。


内面を吐き出させることは有効だと思います。思いや考えを言語化することで頭の中にある漠然としているものが少しずつ形づくられていくと思います。

するとさまざまな感情が出てきたり、自分でも気づいていない感情に気づいたりします。文字にするというのも良く、文字にするということは思考するということですから、それによって見えてくるものがあり内省が深まっていくと思います。

ただその内面を、どんなことでもいいから、今の思いをありのままに話してください

（または書いてください）と職員から言われても、メンツや反骨心、気恥ずかしさなどから多くの受刑者が身構え、取り繕うはずです。

なので吐き出させることが有効なのは、岡本さんのように親身になって話を聞いてくれる人がいるという前提条件のもとで成立するものだという気もします（もちろん、それに関係なく、有効な人には有効であるとも思いますが）。的外れなことを言っていたらすみません。

どうすれば人は反省するのかということを以前から考えていますが、難しいです。ただ自分でもよくわかりませんが、反省の入り口は人さまざまだと思います。

ある人は内面を吐き出させることで、ある人は被害者の痛みを知ることで、ある人は家族に対する思いから、ある人は変わりたいという思いから、それぞれに琴線に触れるものがあり、その琴線に触れることで反省は始まっていくのだと思います。

動機と犯行の「間」を考える

起訴状には起承転結のような一種のストーリーがある。加害者の生い立ちや生活、精神病歴、動機、殺意の有無、計画性など、検察は証拠によって犯罪をその者がおこなったことを立証する。起訴後、公判を維持、求刑をおこなう。弁護側は全面同意をすることは稀で、裁判で採用する証拠を細かく争ったり、部分的（あるいは全面的）に否認をして、罪状や事実を争うことが多い。水原のケースは細かく争われることはなかった。

判決文も双方の意見を取り入れながら、ある種のストーリーをつくる。たとえば、「被害者と人間関係でトラブルがあり、金銭目的や恨みから犯行に及んだものである」というような動機と犯行を短絡的につなげる書き方が多くなる。刑事事件の「処理」の仕方とはそういうものなのか、と納得がいくこともあれば、首肯しがたいこともままあった。検察のストーリーに違和感を覚えることもあれば、弁護側の反駁《はんばく》も奇をてらっただけに感じられ、むしろ被告人のイメージを落としているのではないかと思わせるものすらあった。判決文にも違和を覚えるものがあった。

「動機」と「犯行」はそんなに単純かつ短絡的に結びつけていいものなのだろうか。心の中で誰かを殺したいとか傷つけたいと思うことは誰しもあるだろうと思う。しかし、実際に行為に及ぶ者はきわめて少ない。「観念」と「実際の行為」には大きな開きや間があるはずなのだ。人を殺すことは恐ろしいと大多数の人間は思っている。つまりいとも簡単には「殺せない」ハードルがあるはずだ。だから、水原には「間」について、もっと何か言葉にするべきものがあるのではないか。私は常にそう考えてきた。

そこを論理的かつ合理的に説明できないため、起訴状や判決文、あるいは弁護側の弁論内容も「精神の病や不調」とか「発達障害」という理由をあてはめてしまう傾向が強いが、どうしても違和感が残る。人間は常に動態にあり、まっすぐな直線でもないし、短絡化された思考を常に持つ存在でもない。

そんなことを考えてみてほしい、と私は水原にうながしてみた。「間」をどう感じ、過ごし、どう判断していくのかによって、最悪の場合は犯罪に結びつくかどうかの分かれ道になる。被害者や被害者遺族もそこを一番知りたいと思うところではないだろうか。なぜ、家族が被害に遭わねばならなかったのか、遺族は永遠に悩み続ける。だからこそ、加害者が「間」を考え抜いて少しでも言葉にすることも、「贖罪」というものがあるとしたら、その第一歩かもしれない。

水原は何度かに分けてこの問いに考えを述べてきた。

「間」の時間、自分は本当に何も考えていなかったのです。社会への不満、不安、自身へのふがいなさ、〈同世代との〉ギャップなどはありませんでした。あるのはただただ己の欲のみです。そのとき、自分が望んでいるもの、欲しているもの、手にしたいものを満たすためだけに行動していました。これをしたらこうなる、こういうことをしたらこういうことが起きるということも考えたことがありません。それはある状況下において思考プロセスが短絡あるいは欠けるのではなく、はじめからそういった思考回路が欠落していたのです。

動機と犯行の「間」というのは、たとえば強盗した者が単に金品が目的だったのではなく（あるいはそうだとしても）、その背景には社会への不満や自身の境遇に対する不満があったのではないかということでしょうか。あるいは〔少年が〕親にかまってもらうため、振り向かせるために悪事を働くなどといった、そういう意味とすれば、自分にはそういうのはありませんでした。単にお金が、正確にはその先にある何か、それはたとえばクルマや服やギャンブル（資金）が目的でした。

一度だけ公園を横切っているとき、「これでいいのだろうか」と瞬間的に感じることはありましたが、「じゃあ、どうすればいいのか」「こうしたほうがよいのか」「これはやめにしたほうがよいのか」という先の思考はありませんでした。

以前少しお話ししましたが、10代の頃、夜遊びをしているとき、夜中や朝方（3時～5時ぐらい）のたくさんたまる母からの着信履歴を見ては胸が痛んでいました。ですが、同様に感じるものはあっても、そのことについて、その先のことについて考えることはありませんでした。

水原は別の日には次のような手紙を書いて私に寄こした。

難しいです。お手紙を読んでずっと考えています。まず思ったのは認知力、価値観です。認知行動療法では「道で見つけたサイフ」がよく引き合いに出されます。サイフを拾ってラッキーとくすねるのか、交番に届けるのか、あるいは自分には関係ない、めんどうと素通りするのか。

「ラッキー、何に使おう」とする人と、落とし主が困っているだろうなと届ける人がいます。自分とその人と何が違うのか。それは物の考え方、見方であり、つまり認知力・価値観です。そして、それは幼少期からのさまざまな自己体験によって形成されていきます。

また、情動や感情をコントロールしたり、自制心に関わる領域の前頭葉の発達度合いも関係しているのだと思います。

くすねる者でも、当然のごとくラッキーとする者、逡巡を抱いた者、もっといえばサイフの中のキャッシュカードを使って現金を下ろそうとする者もいます。届ける者の中でも、何も考えることなく当然と（ある種、反射的に）届ける人、取ってしまおうかと逡巡の後に届ける人、落とした人間が困っているだろうなと届ける人がいます。

端的にいえば情動ではないのでしょうか。人は人を殺すことに強い抵抗があります。ですが刹那そこに情動が働くと、ある種のトリガーが引かれてしまいます。リミッターが外れてしまいます。同囚と話していると、「何でこの人がそんなことを!?」という人が多くいます。平時であれば絶対にできないはずです。情動で思考が吹っ飛びます。乱暴にいうとそれは「薬物で脳のコントロールがきかない」のと同じ状態です。

以前は被害者や遺族に否定的感情を持っていた

水原は、先の岡本茂樹の「手紙」についての考察に関してこうも書いてきたことがある。岡本に近い私の意見への違和感もあるようだった。

加害者は反省文を書き慣れていて、「定型」化していると藤井さんは考えておられるようですが、一概にそうであるとは思いません。

確かに自身の所内での評価のため、仮釈放のため、不利益をこうむらないため、レトリックで塗りかためられた上辺だけの反省を述べる人もいます。反省文には定型的なものがあると思いますが、多くの人がそれにならって、こう書けば反省していると思われるだろうと思って書いているわけではないと思います。

端的に言えば、書き方がわからないのだと思います。罪の深さや人の痛みを知り、心がぐしゃぐしゃになりながらも伝えたいことがある。しかし語彙力の乏しさや表現力の拙さなどから、その自分の感じていること、考えていることをうまく表現できない、伝え方がわからない。

だから反省文、謝罪文を書いてもといいますか、書くと結果的に定型的な文面になってしまう。そういう面もあるのではないでしょうか。

自分の中に「吐き出していないもの」があるかについてですが、今はないと自分では考えています。


そして、水原から意外な言葉も送られてきたのである。自分が起こした事件の被害者遺族に対して抱いていた感情についても正直に吐露してきたのだ。

以前は被害者やご遺族に否定的感情はありました。他にも、殺すつもりはなかった、俺は殺したんじゃなく死なせてしまったんだという思いや、同様の事件を起こした人の判決（年数）や求刑からどれくらい違ったかを比べたりもしていました。

手紙を読んでから本当に俺はそういう思いを解消してるのか、本当はあるが罪悪感から押さえつけたり、隠したりしてるんじゃないかと考えましたが、今はないと自分ではそう思っています。

自分の内面を懸命に考察したとしても、言動が伴っていなければ何の意味もありません。口では何とでも言えます。それらしいことを口にし、それにそぐわない適当な言動をとっていたら冒瀆《ぼうとく》以外の何ものでもありません。

正直、気の抜けるときもありますし、自分のしたことなど頭からそっくり抜けているときもあります。口にしていることや、考え、思いをどれだけ身をもって体現できるか、どれだけ言動に整合性を持たせられるかが日々の課題であり、最大の命題です。

「今後、一切受け取らない」

某日。改めて、私は水原に対して、被害者遺族が水原からのコンタクトを拒否していることを確認した。同時に、水原が拒絶されても書くことを躊躇していないだろうか、とも問うた。そして、被害者遺族の気持ちを逆撫でするのではないか、つまり「二次被害」を与えてしまうのではないかという彼の気持ちを確認したかった。

遺族への謝罪文と送金について、重複になるが、前に引用したものとは別の水原の手紙に触れてみたい。

ご遺族の方には服役後に一度、謝罪文と数万円を代理人弁護士を通して受け取っていただけました。その翌年にも代理人を通して申し出たのですが「今後、一切受け取らない」との返答を受けました。

謝罪したい気持ちはありますが、ご遺族の気持ちを逆撫でしてしまうのではないか、さまざまな感情を思い起こさせてしまうのではないか。そう思います。


水原は「生命《いのち》のメッセージ展」について記してきた。「生命のメッセージ展」は、被害者の等身大のパネル——メッセンジャーと呼ばれる——と遺族からのメッセージや遺品、事件概要などが展示される。「メッセンジャー」はゆうに百を超え、数十センチの高さしかない「メッセンジャー」もいる。遺品として子ども用のスニーカーが「メッセンジャー」の足元に置いてある。不注意運転のトラックにはねられて即死した物言わぬ子どもがそこに立っている。

会場には赤い毛糸玉があり、心動かされた者が赤い毛糸を足し結んでいく。球体はどんどん大きくなり、太陽のような存在感を放っている。私も十数度、足を運んだことがある。「生命のメッセージ展」は全国の被害者遺族らが引き受けて、自治体の施設や大学、そして参加遺族には抵抗感もあったそうだが刑務所内でも巡回開催されている。水原の収監されている刑務所でも開催された。「生命のメッセージ展」では、映画『0からの風』も観たという。

以前、当所で、交通事故などで命を奪われたご遺族の方々が遺品などを展示する「生命のメッセージ展」というものがありました。その方々が製作された『0からの風』という映画があり見たのですが、その中で加害者がご遺族に謝罪をしにいくシーンがあり、そのとき、ご遺族の方は「謝罪されても私たちは何も救われない。謝罪したというあなたが救われるだけ」と話されていました。

謝罪についてはさまざまな逡巡があります。一度受け取っていただけて、翌年断られたということはおそらく手紙に問題があったのだと思います。謝罪を申し出たことは思慮に欠けていたと思います。

『0からの風』(二〇〇七年)という、交通犯罪被害者遺族について描いた映画を、私はこれまでに何度も観る機会があった。

製作に被害者遺族が関わっており、単なる啓発映像ではない。水原の書いていた通り、「謝罪されても私たちは何も救われない。謝罪したというあなたが救われるだけ」という映画の中の遺族の言葉は本質をついている。

映画『0からの風』をもう少し説明すると、ある交通犯罪加害者は出所後、一度は遺族の家に謝罪に訪れ、泣き崩れる。被害者遺族は「生命のメッセージ展」に来ることを要請し、加害者とそのことを約束する。幅広い被害者遺族の心のうちを知ってほしかったからだ。遺族は会場で待ちわびたが、しかし加害者は姿をあらわさなかった。

被害者は自らへの謝罪と同時に、自分たちが社会に発信しているものに触れてほしいという願いを抱く人が多い。たとえば「生命のメッセージ展」に通い続けて、さまざまな被害者遺族の現状を知ること、認識をし続けること——。それが加害者としての贖罪のかすかな第一歩になるのではないかと期待をしているのかもしれない。

水原ならどうするだろうか。彼はこう書いてきた。


映画『0からの風』で、自分ならどうするかについてですが、自分は「生命のメッセージ展」に足を運び、赤い糸を結びにいきます。謝罪をし、ご遺族の意向に添う行動をとります。

とは言え、今はそのような心境ですが、実際そのときになったら、自分も口だけで何もしないのではないのかという危惧も抱いています。本などで行方をくらます加害者を目にするたびに、自分もそうなるのではないかという不安や恐れを覚えます。

藤井さんが、被害者側が謝罪の機会〔墓参りや仏壇に参ることなど〕を与えることを「チャンス」という表現を使われますが、その言葉が印象的です。以前、お手紙でその言葉を目にしたとき、一瞬「?」となったのですが、「ああ、そうか」と「確かにそういう場を与えてもらうというのは加害者にとってチャンスであり、ありがたいことなんだな」と思いました(「ありがたいこと」という表現は適切ではないかもしれませんが)。


私が「チャンス」=機会、という言葉を使うのも適切ではないのかもしれない。だが、固く「謝罪」を拒絶する遺族もいれば、月命日の墓参りや、仏壇に参ること、定期的に手紙を書くこと、きちんと期日通り賠償金を支払い続けることなどを、加害者に積極的にうながす被害者遺族もいる。

犯罪内容もばらばらで、遺族の思いも各々なのだが、家族の命を奪われたという点は共通している。加害者を被害者がわずかな門戸でも開けて招き寄せる行為を、「チャンス」と言い換えるしかなかったのだ。しかし、それで赦しを得られるということでは決してない。

誤解を招く言い方になるかもしれないが、取材を通して何らかの謝罪を求める遺族の話を聞き、それに応えようとしない加害者たちに「なんと、もったいないことをしているのか」と怒鳴りつけたくなるときがあった。

加害者が生きていく上で、やり直す入り口を被害者側が用意してくれているのに、その申し出を受け取ることができないのだろうか。その「チャンス」から遁走《とんそう》し無視するとは「更生」はおろか、自分と向き合うことすら避け、「贖罪」の第一歩から自ら遠ざかっていくことだと思う。映画『0からの風』にはそんなメッセージも込められていると私は思うのだ。

贖罪は幻想か?

贖罪という行為の出発点は、相手があってこそのものだと私は考えている。それは水原も同感だった。少年院や刑務所を出所して、金銭賠償や墓参り、仏壇へ手を合わせに行くことなど、被害者や被害者遺族がそれを望むことを全身全霊、最大限、精一杯、受け入れることによって初めてその最初の一歩がかろうじて成り立つ。

が、ほとんどの場合、賠償金の月々の支払いすら履行せずに（できずに）雲隠れしてしまったり、精神を病んで入院をしてしまっていたりすることもある。被害者側が催促をしても無視を繰り返す。払うと嘘をついて、払わない。それが現実の大半である。それを一定期間、途絶えさせないことが第一歩となる。

同時に一方で、金輪際関わりたくない、と思う被害者や被害者遺族もいる。私の感覚では、重篤な精神障害や先天的な発達障害が理由でコミュニケーションが困難になっている加害者や、逮捕されても被害者を罵倒する発言をやめなかったり、嘘をつき続ける加害者、死刑になりたいとはなから開き直っている加害者が起こした事件はおうおうにして被害者がそういう判断をとらざるを得ない。怒りと悲嘆を胸に封印し、一刻もはやく別の人生を生き直したいと願い、加害者との接点を断ち切りたいと願う被害者や遺族もいる。「鬼畜である加害者ごときに自分の人生が壊されたと思いたくない」と遺族が苦渋の表情で呟いていたのを私は何度も聞いている。

無期懲役や死刑、長期の有期刑で具体的に「贖罪」的な行為が困難である場合、賠償のための資財がないことが弁護士の調査などでわかっている場合、反省のそぶりさえも見せず報復の恐れがある場合などがその原因の要素でもある。トータルで何百万円という「自腹」を切ってまで損害賠償請求を起こすのがバカバカしい、と思えてしまうのは当然のことだろう。苦渋の選択であることは間違いないのだが。

と、こんなことを水原に書き送ったら、「反論」がきた。

死刑囚と無期囚は償い、贖罪はできないとのことですが、その境遇においても贖罪の途につくことはできるのではないかと考えます。藤井さんのおっしゃるように贖罪は幻想なのかもしれません。加害者のいかなる営為もそのほとんどが意味をなしえません。しかし、加害者の減刑を求める遺族の存在を考えると、加害者の言葉が、行動が、遺族の心に触れることもあるのかもしれません（あるいはそれは赦しや贖罪、償いとはまったく別のものかもしれませんが）。

加害者である自分が「贖罪はできるのではないか」などと口にするのは憚られますが、「贖罪はできます」ということではなく、加害者の営為が贖罪につながることもあるのではないかということです。

とは言え、その99パーセント以上が贖罪と成り得ていない現状を考えると、やはり幻想なのかもしれません。いや、幻想というより、第三者が無責任に、そして加害者が自己満足やある種の救いを求めて都合よく言葉を乱用しているだけなのかもしれません。

刑事裁判では明らかにならなかったことを民事裁判の中で追及したい、と「再審」の思いを込めて民事裁判を起こす被害者や被害者遺族も少なくないが、そこには諦めと虚しさ、怒りや悲しみが同居する気持ちが横たわっている。

また、反省している加害者の姿は期待していないが、刑事裁判後の加害者の声を少しでも聞きたいという方もいる。一般的に被害者や被害者遺族が起こす民事訴訟は、懲罰的意味合いを含む金銭的なものだが、仮に加害者が何か声を発したとしても、気が晴れるわけではない。

繰り返しになるが、水原が殺した被害者の遺族はコンタクトを断ってきた。何らかのコミュニケーションを続ければ、いつか報復されるのではないかという恐怖から逃れることができない遺族の心情だ。あるいは、被害者遺族の「人生」から加害者の存在を消し去ることが、怒りや悲しみに耐えられる方法だったのかもしれない。どちらにしても、遺族にとって水原は「存在」してほしくない対象なのだろう。

被害者のほうから関係を断ってきたことをラッキーぐらいに感じることしかできない加害者もいるに違いない。しかし、真摯に贖罪とは何かを日々考えている水原のような加害者にとっては、謝罪をする対象、贖罪をしていく相手がいないということは、すなわち贖罪の気持ちや行為、言葉、生き方を届ける先がなくなっているということになる。「贖罪」を評価するのは自分自身しかいないことにもなる。

終わりなき自問自答

某日。水原からの手紙。改めて「贖罪」についての自問自答。答えはない。終わりもない。

そのことだけは水原も私もわかっている。

反省や償いについてですが、自分ははじめその「反省」の意味も「償い」についての意味も知らずに、またそれが何なのかということも考えもせずにただ漠然と反省をしなければ、償いをしなければと考えていました。

何故そういうことをしたのか、人の命を奪った者の生き方や自分の性格、価値観、思考プロセスなどはどのように形成され、どのような傾向があるのかなど、自身に目を向けるということを知りませんでした。

あるときから、それらについて深く考えるようになりましたが、そのときも反省や償いについてどこかに「これだ」という答えがあるのだと思い、躍起になって答えを探していました。しかし、それらは明確な答えがあるわけではなく、誰かにこうですよと教えてもらえるものでもなく、反省とは何か、償いとは何かとひた向きに自身に問うそのプロセスの中で見えてくるものだと思います。

普段、何気なくしてることに疑問を持ち、これで良いのかと、どう生きるべきかと日々自身に問いかけ、その問いの中で自身の生き方をただしていくのだと思います。

また一過性の反省からは何も生まれないことを知りました。犯罪被害者やご遺族の手記を読んだり、あるいはドキュメント番組を見て、心が揺さぶられても、一時的に感傷的になるだけで、その場限りのものでは何の意味もありません。その心の動きを持続させ、日々の言動に反映させることが大切なのだと思います。

そして概念としての反省、償いではなく、それらは何なのかと模索し、自身で定義する、そうして自身で定義したものを能動的に目的的に行うことが肝要だということを知りました。


死刑囚で執行の寸前まで点訳を続けた二宮邦彦について『刑場に消ゆ—点訳死刑囚二宮邦彦の罪と罰』（文藝春秋、二〇〇七年）というノンフィクションが矢貫隆《やぬきたかし》によってまとめられている。

二宮は一三年間に一五〇〇冊もの点訳書を仕上げた。私はこの本に触れながら改めて水原に「贖罪」について問うてみた。というのは「点訳」を二宮自身は贖罪ととらえていたからだ。

水原はこの解釈に納得がいかないという。


ご質問の「贖罪」について。死刑囚の点訳は贖罪とは別のように思います。広義では贖罪の一部になりうるかもしれません。しかし、贖罪とはもっと直接的で個的なものではないでしょうか。加害者と被害者（あるいは遺族）間で行われるもの。その点訳とはどちらかというと「罪滅ぼし」に属すると思います。もっとも広辞苑によれば「罪滅ぼし」は

「善事を行なって過去の罪をつぐない滅ぼすこと。罪の消えるよう功徳を行うこと。贖罪」とあり、ややニュアンスは異なるものの贖罪と同義とされています。

自分が将来やりたいと思っていることも、贖罪とも、その一部とも考えていません。贖罪、償い、贖いといった言葉がありますが、藤井さんはこれを同義ととらえていますか。それとも異なった言葉ととらえていますか。藤井さんは「償い」という言葉を使われませんが、意識的に「贖罪」という言葉を使われているのでしょうか。

水原はおそらく私より先に、この類の言葉を慎重に扱わねばならないことに気づいていたような気がする。本来の「贖罪」という言葉の歴史性を考えずに使う私も含めたメディア、社会の在り方に辟易《へきえき》する彼の姿が想像できた。

キリスト教における贖罪観念は、神がキリストを世に遣わし罪を犯した者に赦しを与えるというもので、自分の観念とは（おそらく社会通念とも）異なります。贖罪行為の主体が神なのです。つまり、罪を犯した者、加害者が贖罪をするのではなく、罪を犯した者のために神が贖罪するのです。罪を犯した者が償われるのです。

加害者が被害者に贖罪するというのが一般的な観念だと思います。自分もそう思います。

キリスト教の贖罪観念を知ったときは拍子抜けしました。

先に述べてきましたように贖罪、償いとは加害者、被害者（あるいは遺族）間における直接的で個的な行為だと思うのです。人の役に、社会の役に立つ行為は償いとは別です（贖罪と償いとは同義とします）。被害者や遺族の、赦す、赦さないというのではなく、ある種の受け入れ、納得、許諾が得られる行為（言葉や態度や行動）でしょうか。

お手紙に賠償金の支払いは〔藤井は〕「弁済」と書いておられました。ですがその賠償金の支払いを被害者や遺族が望まれ、その行為を被害者が償いだと考えれば、それも償いになるのではないでしょうか。

ただ、あくまでも償いと考える（受け取る）のは被害者であって、加害者が「これが償いです」といってするものではありません。以前、ある職員と償いについて話していると き、「償いという言葉は被害者が使う言葉で、加害者が使う言葉じゃないんじゃないか」という話をされました。どれだけ人の役に立とうとも、どれだけ社会に貢献しようとも、被害者が望んでいなければ、償いでもなんでもありません。服役し刑期を務めたから、謝罪をしたから、賠償金を支払ったから「私は償いました」というのも違います。「償い」の形は無限にあり、いかなる行為も償いになり、いかなる行為も償いにはなり得ないのです。

この水原の思考は社会で共有されなければならない。加害者や前科のある者はもちろんのこと、そういった人間を生み出した社会を形成する私たちすべてが理解をしなければならない。

命を奪った以上、被害者に対しては償いはできません。いかなる行為を以《もっ》てしても償うことはできません。これだけは確かです。事件を取り上げた番組を観ていると、コメンテーターがコメントの終わりに「しっかりと償ってほしいですね」と言うのをときどき目にします。まるで「償い」という明確で確かな行為があるかのように、反省や更生というニュアンスで言っているのでしょうか。わかりませんが、だとしても同じ位相ととらえることもできず、その発言に言葉の軽さ、虚しさを覚えます。

賠償金の「逃げ得」を防ぐために

加害者の賠償金不払い、つまり「逃げ得」が常態化していることについては改めて指摘する必要もないだろう。これに対する法的手段としては、裁判所の許可を得て、財産や給料を差し押さえる強制執行などがある。

私は賠償金支払いに応じない加害者に対して、被害者や被害者遺族が給料差し押さえや、所有する財産を差し押さえるために弁護士に相談する場に何度も同席したことがあるが、そもそも加害者の居場所を特定することに難儀したり、差し押さえる財産が何も見つけられず、その場の空気が沈痛なものになっていくのが常だった。

しかし、新たな方法は常に模索されている。犯罪被害者遺族で結成された団体「全国犯罪被害者の会（あすの会）」に中心的に関わり、法曹界の第一線、つまり法廷で犯罪被害者や遺族の楯《たて》になり、権利の確立や救済に尽力している髙橋正人弁護士の提言（「文春オンライン」二〇二一年三月七日）を抜粋してみる。

「刑として科されていなくても、法廷での加害者の言葉が実行されていなければ被害者は法的に訴え出ることができる可能性がある」

「加害者が法廷で『一生償う』と述べたにもかかわらずその言葉が実行されなかった場合、不法行為となる可能性があります。刑事訴訟の当事者は検察官と被告人ですが、現在の法律では『事故の被害者の権利が法的に保障される』とされています。なので加害者が法廷で供述したのに謝罪がなかった場合は、その事故の被害者としての権利が侵害されたとして不法行為に基づく損害賠償請求を起こすことができるのです」

私はさまざまな機会に髙橋の意見を求めてきたが、刑事・民事を通じて被害者や被害者遺族に不利につくられている法体系の中でどんな間隙を突くか方法を練り、被害者側に立った法の新しい解釈をすることを裁判所に訴えていく髙橋の姿勢は変わらなかった。

実は、刑事裁判における被害者の立場についての考え方は、この30年間くらいで180度変わりました。1990年2月20日の最高裁判決では、刑事裁判における被害者は『司法手続き上の単なる取り調べの対象』、つまり証拠の1つに過ぎないとされていました。証拠ですから、もちろん法的に保護されることはありません。しかし、2004年に成立した『犯罪被害者等基本法』や、2005年に成立した『第一次犯罪被害者等基本計画』によって大きな変化が起きました。そこで『すべて犯罪被害者等は、個人の尊厳が重んぜられ、その尊厳にふさわしい処遇を保障される権利を有する』、つまり交通事故の被害者は刑事裁判においても、法的に保障された権利を持つと定められました。刑事裁判で宣誓されたことや科された刑が実行されない場合に、訴え出る資格を持つということです。(「文春オンライン」同前)

また、元警察庁幹部で犯罪被害者の救済に奔走し、今は「日本被害者学会」理事で、全国被害者支援ネットワーク顧問などを務める安田貴彦は「被害者学研究」(二〇二〇年三月)で次のような論を展開している。

効果的かつ迅速・低廉な方法として、「行政手続における特定の個人を識別するための番号の利用等に関する法律」（平成25年法律第27号）に基づく個人番号（以下「マイナンバー」という）制度の近い将来の充実強化を展望しつつ、同制度によって把握された損害賠償を履行しない加害者の資産、収入等の状況を被害者側に開示する制度の創設が検討されるべきと考える。

例えば、財産開示手続において、債務者に対してマイナンバーの開示も求め、マイナンバーに紐付いている情報を第三者からの情報取得手続により取得できるようになれば、現行のマイナンバー制度においても、給与債権（勤務先）や証券口座等については、被害者が金融機関等を特定することも必要なく、また金融機関等の手を経る必要もなく、迅速簡易に情報を入手することが可能になると思われる。さらに、損害賠償命令や民事の判決確定等による債務名義取得段階で裁判所から債務者に対してマイナンバーの開示を命じることが可能となれば、債権者自身が後日手を尽くして調べなくても住所等の特定が容易になり、一層迅速確実な賠償の実現に資するものと思われる。

私は安田に会い、構想を聞いた。彼は現役時代から全国の被害者遺族が集まる場にも積極的に参加して、当事者の声を懸命に聞いていた。その光景を私は何度も見てきた。

私は安田に、水原とのやりとりを話し、被害者をめぐる議論の中で、最新の知見では「贖罪」というものはどう考えられているのかを問うと、彼は腕組みをしてしばらく考えていた。そして、「はっきり言って、議論されていないと思う。法律や制度の枠組みは整備されつつあると思うが、個々の被害者や被害者遺族と加害者の関係についての中で、償いや贖罪という領域に関わることについてはこれから話し合っていかなければならないでしょう」と答えた。

欲望と感情から、思考へ

某日。水原からの手紙。普段以上に己の臓腑《ぞうふ》をえぐり出すような気迫の度合いが高い文章に、私は引き込まれた。

ここで学び得た大きなものの一つが思考です。社会にいた頃はこの「思考」がなく、己の欲望、感情のみによって行動していました。そして正しいのはいつも自分で、間違っているのはいつも相手でした。外罰的思考で原因を外に、外に求めていました。歩いていて足を物にぶつければ自分の不注意ではなく「誰だよ、こんなとこに置いといたのは。ふざけんなよ」と人のせいにする。ですので服役当初も職員に何か注意されれば「何だ、あいつは。うるせえな」となっていました。注意されることをしていた自分に目を向けることなく、注意した人の言動のみを見ていました。自分の気分が害されたから、あいつはうるさいやつだと、原因に目を向けることはありませんでした。

論理の飛躍、短絡です。これに関してはこんなことがありました。服役当初から細かいことですぐに注意してくる職員がいました。高圧的で、とにかく嫌いで、反抗的な態度をとっていました。服役から4年ほど経った頃でしょうか。その職員がある工場の担当（学校の担任のようなもの）になりました。その年の運動会のときです。その職員が担当している工場の受刑者と笑って話していたのです。そんな姿、見たことがありませんでした。その日はそのことが頭に残っていて、夜、部屋で考えていると「そうか、俺に問題があったんだな。注意されることをしていた自分が悪いのであって、反抗的な態度をとっていたから、あの人もそういう対応になっていたんだな」とそんな心境を得ました。

また、思考に関しては、これまでは絡まった糸をほどくとき（何か問題に直面したとき、思考するとき）手あたり次第に糸を引っぱっていた。それでほどけるときもあったが、さらに絡まり結び目を増やし、結び目を固くしていた。そして「あっ、もう」と力ずくで引っぱりどうにもならなくなりヤケになったり、時には引きちぎっていた。けど今は違う。

思考することを学んだ。糸の状態、結び目を確認し「糸の左端を手前の穴に通して、反転して奥の穴に通して……こうして、ああして」と、ほどけるようになった。論理的に、理性的に糸をほどく術《すべ》を知りました。

水原は毎日こういうことを考えながら、監視された生活をしている。監視され、物理的な自由のない中でも、意識は自由にあちこちへ飛ぶことができる。誰も覗《のぞ》き込んで、支配することはできない。いったい「自由」とはなんなのか。私はいつも考えさせられた。

意識的に生活するようになって、普段気づかないことに気づくようになった。いつも何気なくやっている言動にも、これでいいのかなと目がいく（その気づきを実行できているかはまた別です）。思考を重ね、視野が開けてから、ときに絡まった糸がするするとほどけてゆくような感覚を得る。

気づきを得てからもすぐに変われない自分に焦り、苛立《いらだ》っていたが、失敗と成功を繰り返し、経験を積むことで少しずつ変わっていくことを知った。そして、気づきを得たからといって、すぐに直接的に目に見えて変われるわけじゃなく、自分の気づかないところで、たとえば人との接し方、物の見方、行動や発言など、少しずつ変わっていることを知りました。

言葉、文学との出会いも大きかったです。読書による疑似体験から感性が豊かになってきました。言葉の持つ力強さ、エネルギー、儚《はかな》さ、美しさを知った。「ことばの数が増えるほど、知覚できるものの数も増え、知能もより高度に働くようになる」とはウィン・ウェンガーという人の言葉〔『頭脳《あたま》がよくなる!』渡辺茂訳、三笠書房、一九八二年〕ですが、この通り語彙が増えたことにより悟性が培われたように思うのです。心に火を灯《とも》すような言葉、心の静まる言葉、人にやさしくなれる、そんな言葉と出会えればノートに記し、心が乱れたときなどに読み返しています。

「ながれのきしのひともとは、みそらのいろのみづあさぎ、なみ、ことごとく、くちづけし　はた、ことごとく、わすれゆく」

「わすれなぐさ」(ウィルヘルム・アレント)は好きな詩の一つですが、詩の持つ奥ゆかしさを知り、島崎藤村や中原中也の詩にも心を惹《ひ》かれ愛読している。

ウィン・ウェンガー(一九三八~二〇二一年)はアメリカの教育学博士で、いわゆる「自己啓発」系の本を数多く書いて、邦訳されている。ウィルヘルム・アレント(一八六四~一九一三年)はドイツの詩人で、「わすれなぐさ」は一九〇五(明治三八)年に『海潮音』に収録された詩だ。

日本では広く知られている。上田敏《びん》が訳して、上田の訳詩集として刊行されている。この古語まじりの詩を現代語にすると――川岸に一本の忘れな草があり、花の色はまるで澄んだ空の色そのものです、波はみな花に口づけし、花のことなど忘れたようにみな流れ去ってしまいます――というふうになる。ともに官本にあったものだ。

自分は善く変わり続けられるだろうか?

某日。水原からの手紙。今回も臓腑にたまっていたものを一気に吐き出すかのような、文体もいつもと違い、どこか散文詩のようでもあり、自らに言い聞かせるような熾烈《しれつ》さすら感じる長文の手紙だった。そして、これは真似をしようと思っても書けるものではない。反省したふりをしている者には書けまい、と私は思った。

自分は今、言葉に救われている。はじめは反省の仕方がわからなかった。ただ悪いことをしないようにしようと考えていただけだった。自己に目を向けることがなかった。どうしてこういうことをしてしまったのか、何が原因だったのか、何を改善しなければならないのか、ということを考えることがなかった。

はじめは警鐘(良心の声)なんて聞こえなかったし、聞こうともしなかった。それが次第に聞こえるようになってきたのです。ほんの小さな音（声）で、聞き取るのが難しいほどだったけれど、注意深く耳を傾け少しずつ聞こえるようになった。そして自然と音が聞こえるようになった。

俺は本当に反省しているのだろうかと、ときどき考えます。意識しないと気が抜けることがある。本当に反省していれば意識せずとも言動にあらわれるのではないか。

空が晴れ、好みの音楽が流れてくる。ただそれだけで心が満たされる。仕事を終え、部屋に戻り、窓を見やると、雲ひとつない青空が広がっている。かすかに暑さを感じる心地よい気温。ときおり肌に感じるやわらかな風。静けさの中、空を見上げているだけで、えもいわれぬ情感に包まれる。陽の光に、風に、山に、自然に目がいくようになった。シャバにいた頃、こんな心を少しでも持っていたら、未来はもう少し違っていたかもしれない。ときおり、そんなことを考えます。

顔をあわせるといつもやさしい声を掛けてくれる職員がいる。その人の顔を見ることで、その人の声を聞くことで、その人の言葉に触れることで、毎日の煩雑な生活の中でささくれだった心をリセットすることができる。

さまざまな気づきを得ましたが、ときどき、再犯してしまうのでは……と不安になります。条件さえ揃えば、いつでも前の自分に戻ってしまう。

たとえばストレスや金銭問題、精神不調、大きな喪失体験など、そうならないよう自己の認知力や思考力を見通し、また、環境づくりをしなければならない。

自己の内面の改善が必要だと気づいてから、はじめはただ我慢することが大事なんだと思って我慢することをずっと考えていた。元来が短気だから「怒り」にしても、「欲」にしても。けれど、ただ我慢するだけでは現状が過ぎるのをただ耐えているだけ。変わるということは経験を通してその本質を知り、原因・対策を考え適切な対応力を身につけることだと知った。変わることに我慢は必要だが、その本質を知ろうとしなければ、ただの現状維持にすぎない。何に怒りを感じ、何故、怒りを感じるのか。何に欲を感じ、何故「欲」を感じるのかということを。


私には、これまでの服役の時間を総括しているような文章に読めた。自分は変わったのだろうか、変わったと思いたい、そしてこれからも「善く」変わり続けられるだろうか。被害者や被害者遺族に詫びる心を持ち続けられるだろうか——そんな水原の嘆息や歯ぎしりが聞こえてきそうだった。

手紙はこう続いた。

夜中に目が覚め、眠れなくなることがある。そんなときはさまざまな記憶が脳裏に去来する。さまざまなことを考えているうちに、東の空にほのかに光が射して淡い光が山の稜線を縁取る。辺りはまだ暗い。少しずつ、ゆっくり、ゆっくり夜が明けていく。夜が終わり、ぱっと朝になるわけではない。その間のときを知った。夜と朝の間のときがあるのだ。何か人として大事なことを知ったような気がした。

社会では常に犯罪の中で生きてきた。価値観、思考は変わってきたが、心の奥底には負のエネルギーの根が今なお巣くっている。条件さえ揃ってしまえば、いつでも以前の自分に戻ってしまう。他の人よりそのハンディキャップがある。変われてはきているが、負のエネルギーを増やさないように、善くあることを意識しなければならない。

以前、テレビで観た話。ある男性が昔使っていた貯金箱を見つけた。手元の小銭とあわせると160ドルほどあった。それを何に使おうと考えた末、コロナで困っている人に寄付しようと考え、ネットに投稿した。コロナで収入が減っている男性がその投稿を目にした。男性はその寄付を受けようとしたが、自分と同じように困っている人がいるかもしれないと、一考ののち、自分も寄付をしようと日本円で約1万6千円をはじめにネットに投稿した男性に送金した。するとその二人の投稿を見た人たちが次々と寄付を申し出た。のべ千人近くから570万円近くが集まった。男性は寄付を受けたいと希望のあった人たちに送り、残りを医療従事者の人たちのために寄付をしたという実話です。

他者を思いやる人間の感性は本当にすばらしいと思います。本当に素敵だと。以前も人並みの感性はあったけど、ここまで心は動かなかった。こういう話をテレビで観るたびに心の奥底からわきあがってくるものがあり、心あたたまります。

第五章　贖罪

読書で言葉を獲得した後に

私は水原にどうやって言葉を獲得していったのかを折に触れ、聞いてきた。刑務所で違反なく働き生活していても、言葉は突如、天から降ってくるものではない。多くの本を読み、考え、できる限り共鳴し合える他者と交わる。水原にはあらゆる次元で制約があるが、借り物ではない言葉を血肉化するにはそれしかない。

私は数多くの矯正施設を取材してきたが、刑務所の中で言葉を習熟していくスピードや深さは、己を見つめ直す点と比例していると思う。言葉を得ることに自覚的であるかどうかで、天と地ほどの償いの気持ちの差が受刑者についてくる、とは施設のスタッフも共通して言うことだった。

官本もあれば、外部からの差し入れなど、その気になれば膨大な量の読書ができる。拘置所や刑務所にいた人の手記を読むと、その読書量に驚かされることもしばしばだ。かつては服役すると処遇分類級などによって異なり月の冊数に制限があったが、二〇〇五年の「監獄法」改正で制限がなくなり、きわめて一部だが、月に数十冊を読破する者もいる。

水原も同囚の中では相当な読書家になっていった。そこで初めて言葉を得て、考える力をつけ、被害者や被害者遺族への「贖罪」の端緒についたと私は思っている。己を否定するも奮い立たせるも、沈思黙考するも、読書こそ、まず彼らに必要なものだろうし、頼るべきものなのだ。その次に水原も書いていたように、第三者との対話が必要だ。

某日。水原からの返信。

コロナウイルスについてはテレビや新聞で日々、目にしますが、この中にいるとあまり実感がありません。世の中は非常に深刻な事態になっていると思いますが、この中にいる自分らは衣食住が確保され守られており、その不条理を思います。

語彙力については、一番はやはり読書です。社会にいた頃、活字の本などには目もくれず、マンガばかり読んでいました。作文も苦手で読書感想文では○○が面白かった、○○は悪いやつだ、○○はかわいそうといった具合で、それを書くのすらもうんうんと唸《うな》りながら書くという始末でした。作文という作業は本当に苦手でした。

それが今では時間を見つけては手に取り、本の虫となっています。また、気づきや心の動きをノートに書き記すようになりました。

はじめは小説だけだったのですが、次第に歴史や経済、ノンフィクション、哲学、自己啓発といったものなども読むようになりました。そういうものを読むようになると漢字が読めない、意味がわからないということも多く、そのたびに広辞苑を開いては「ふむふむ」としています。この中では自然と本を読むという行為が身につきますが、自分は学ぶ楽しさを知ったのが大きかったと思います。知的好奇心が旺盛になりました。また、自分の思いや心の動きを的確に伝えられるよう、そのニュアンスを伝えられるようにと意識的に広辞苑を開き、言葉を学んでいます。

もうひとつ、自分はこの中で短歌をやるようになったのですが、それもあるかもしれません。日常での情緒や日々の微細な心の動きを歌にする中で慎重に言葉を選び、推敲《すいこう》するのですが、そのプロセスでも言葉を得ています。

いずれにしても、学び得る楽しさや喜びがあるか、あるいはそこに明確な意志、目的があるかどうか、それによって習熟の差異が表れるのだと思います。

「〔現時点で〕贖罪の相手がいないということは、その贖罪の評価を自分自身でするしかなく、そしてそれをも引き受けなくてはならない」という藤井さんの言葉は腑に落ち、胸がすくといいますか、〝ああ、そうか……そうだよな〟と感慨を受けました。

贖罪については、加害者の多くの不履行を目にするたびに「そうはならないぞ」と思うと同時に「自分もそうなってしまうのではないか」と不安や恐れが強く生じます。

『「少年A」被害者遺族の慟哭』で藤井さんは「謝罪や贖罪に普遍的な『定義』などない」と書かれていますが、そこにあるのは「継続」であって、終わりはないのだと思います。

以前は「これだ」という明確な贖罪がどこかにあるのではないかと躍起になり、その答えを探し求めていましたが、今はその普遍的な定義などなく、個別的なものであることを少しずつ理解してきています。とは言え、読み進める中でどこかにその答えがあるのではないか、と無意識に探していることもあります。

また〔本の〕文中に、加害者に対して寛容的な言葉、赦しとまではいかないまでも謝罪を受け入れていたり、そういう言葉があると、目がいってしまいます。「もしかしたら」とそこに一縷《いちる》の希望を見いだそうとしてしまうのです。

贖罪とは被害者やご遺族のためなのですが、それをすることで自分が救われたい、楽になりたいだけなんじゃないかと思うことがあります。そのときは誰のためなのか、なぜやるのかと自身に問いかけるのです。

犯罪被害者に関するものを読んでいると思うことがあります。

その人たちに起きたことや、その思いなどの「知識」は増えましたが、現実に即したレベルでの理解あるいは想像はあるところで止まってしまっている感覚があります。どれだけその言葉の意味を理解しているのか、イメージがうまくできないのです。

そこに色はなく、輪郭もぼやけています。想像力の乏しさ、感受性の問題なのか。


水原は私がかつて取材したユウカさんのことにたびたび触れた。一人息子が近所の同級生らから集団暴行を受け、殺されたのだ（第三章参照）。ユウカさんは今は静かに一人暮らしをしているが、事件以後、精神的に不安定な状態から抜け出せないままでいる。


少年らに息子さんの命を奪われたユウカさんが少年院の中をまわるシーンがありました。喚声《かんせい》を上げながら白球を追いかける少年たちを目にし、涙を流されていたユウカさんの姿に、今の自分の生活を思いました。

笑うことや楽しみ、喜び、幸福を感じることや、享受の仕方、そしてその表現の仕方というのは、自分が生きる上での最大の命題です。

ユウカさんのケース以外に、加害者が仏壇に手を合わせに来るのを待っていることを、メディアを通じて加害者側に伝えようとしている遺族に私は何人も会った。

被害者遺族の側が招いているのに、無視したり、逃げ回っている加害者の心持ちとはいったいどのようなものであろうか。仏の差しのべた手をみすみす払いのけるようなものだと私は怒り心頭に発した。

私は「手を差しのべられている」、つまり「チャンス」のとば口を指し示されている側の加害者の家をたずねたり、手紙を出したりしたが、いずれも居留守を使われるか、返事がなかった。中にはそれまでは年に一度の命日に加害者の親が手を合わせにきていたが、被害者遺族がメディアの取材を受けていることを知ると、とたんに殻に閉じこもってしまうパターンをいくつも経験してきた。

刑務官の「オヤジ」から教わったこと

某日。水原から刑務所の看守（刑務官）について書き記された手紙が届いた。

刑務所の中で看守という存在は無表情で言葉少なく、無機質なイメージを持たれていると思うが、そうではないと言う。一部では人間的な言葉のやりとりがおこなわれ、外からは見えない。それはおそらく一方的なものではなく、互いを互いに必要とするケアになっている。

今の自分があるのは、その同囚やオヤジ（職員）の存在がとても大きいのです。藤井さんは、受刑者と刑務官の関係性についてどのようなイメージをもたれてますか。刑務官も「人」ですので、さまざまな人がいます。

受刑者の更生を考えてる人・いない人、とても親身な人、横柄な人、受刑者を「人」と見てくれる人、しょせん「チョーエキ」だと人間扱いしない人、さまざまです。十数年いる中で、多くの職員と出会い、その出会いの中で、今の自分を形づくっているものが数多くあります。

以前にお話しした以外では、まずは服役して初めて配役《はいえき》された工場の担当です。担当とは、工場の管理・運営、受刑者の管理、指導、評価等をする人で、各工場におり、学校でいう「担任」のようなものです。服役当初はシャバからのチャランポランな性格は変わっておらず、よく注意・指導を多く受けてました。

まだ表面的ではあるものの、自分なりに考え、変わろうとしても、全然うまくいかなかったときのことです。その担当のオヤジから「克己心」という言葉を教わりました。「水原、克己心という言葉を知ってるか」と。「知りません」と答えると、意味を説明し「いい言葉だろう」ととてもやさしい口調で言いました。その日作業を終え部屋に戻ってから改めて辞書を引き、ノートに書き記しました。以来ずっと自分の中にあり、大切にしている言葉です。

克己心。こっきしん、と読む。克には負けないことの意があり、つまり自分に打ち勝つことを指す言葉である。

次は担当ではないのですが、ある職員と話す機会があり、集会に出たり、本を買ったり、笑ったり、日々の生活に罪悪感を抱いてしまうと、反省って何ですかねと話をしました（服役5～6年目）。

すると職員は「水原、お前な、お前は常に大きな十字架を背負ってんだよな。ドスンっと。それは大切なことだ。でもな、常に大きな十字架を背負うことはないんだよ。いいか、ときには手のひらサイズにしてポケットに入れたり、コインサイズにすることも大切なんだよ。自分のしたことを考えるときはデカく背負って真剣に考える。その他のときは大きさを調整する。笑っちゃいけないわけじゃない。笑うときは笑っていい。笑ったりしてるとき十字架がなくなっているわけじゃない。そのときも形を変えポケットに入ってる。形、大きさを調整することも必要だ」と言いました。

今もその調整は下手くそですが、ドスンっと背負って息を切らしながら何とか一歩を踏み出すような歩では前に進めず、確かな足どりでしっかり前に進むためには形やサイズを調整することが必要だと知りました。

最後は以前、担当だったオヤジです。このオヤジは、プロの刑務官です。受刑者に対し居丈高になることも迎合もしません。包容力があり、高圧的になることも気後れすることもなく指導をします。しかし、それでいて情熱的で厳しさを持ちつつもユーモアがあり、われわれのことを一人の「人」として尊重して接してくれます。対刑務官としてでなく、人としてリスペクトしています。

毎朝の朝礼時には、反省や更生、対人関係や仕事、認知力などについて訓示をしてくれました。著名人の言葉や格言、ときには詩なども。その訓示はノートに書き記しており、今でも悩んだとき、苦しいとき、ブレそうなとき、折々に読み返しています。

あるとき、硬直的になっている自分に「窮屈な姿勢でいると血行が悪くなり手足が痺《しび》れたり、筋肉が硬直し痛みや疲れが生じる。精神や心もそれと同じで、心が窮屈になってしまうと思考の巡りが悪くなったり、思考が硬直的になる。心や姿勢も保つべきものは保ちつつ、ときには手足を伸ばしたり、筋肉をほぐしたりすることが必要だ」と話してくれました。

仕事（作業）ではそれまで生産性ばかりに目を向けていた自分に安全性や品質管理、それを使う消費者にも目を向けることを教えてくれました。泰然と構え、ユーモアがあり、口数が多いわけではないのですが、その背中から多くを学びました。

担当が変わってからもときどき顔を合わせるときがあるのですが、「変わりはないか」「家族も変わりないか」と声を掛けてくれます。その後、話す機会があり、「もうたくさん悩んだだろう。悩みつくしたんじゃないのか。これまで人から奪って、奪ってきた分、これからは人に与えることを考えればいいんじゃないか。人はいろいろな感情や欲を持つ。それは人として自然なこと、それを感じなくなったら、それこそ人でなくなる。喜びや幸福を感じちゃいけないわけじゃない。それは素直に受け取ったらいい。ただ、自分のしたこと、被害者のことを思う心はなくさないこと。自分の心が満たされていないと、人の心を満たすことはできない。これまで自分に向けてきた矢印をこれからは外に、人に、向けて与えればいいんじゃないか、人の心を満たして、自分の心も満たされるなんか最高じゃねえか」

そう話してくれました。このようにオヤジたちとの縁、また他の職員の言葉、ときには厳しい言葉によって今があります。

二人の同囚

水原は二人の同囚について書いてきたことがある。私は受刑者同士がどういう話をしているのか、かねて関心があった。無言で共同生活をし、何をするにも刑務官の許可を求めて大声を出す――たとえば、「タオルが落ちたので拾っていいでしょうかっ！」――必要がある場所だというイメージが強いのではないか。

工場で作業をしているときや入浴をしているときは受刑者同士は私語厳禁だが、休憩時間や食事中――単独房の者も食事は一緒にとる（懲罰で単独房に入っているケースは単独で食べる。集合房に戻ってからは話し合うことができる）――は、当然よくしゃべる者もいれば、寡黙な者もいる。房という「社会」ではさまざまな要因で人間関係も生まれる。互いを観察し合い、腹を割って話し合える者もいるという。悪事をひそひそ話し合うイメージがフィクションなどの印象でついているかもしれないが、そうではない。

一人は、今は別々の工場ですが、4年目に、14年の刑で自分のいる工場に配役されてきた一つ年上のAで、作業の席が隣になったことから話すようになりました。はじめは部屋で何をしてるか、どんな本を読んでいるか、シャバでどんなことをしていた（仕事や生活）など他愛《たわい》のない話でした。

自分もAも筋トレをしていたことからともにやるようになり、次第に距離が縮まってきました。そんなある日、筋トレしているときに家族の話になりました。Aは子どもの頃、父から暴力を受けていたこと、母子家庭で育ったことを話してくれました。自分も父に手をあげられていたこと、母に育てられたことを話し、母に苦しい思いをさせてしまっていること、母に対する想いを話し合いました。「俺のせいで本当につらい思いをさせてしまっている」と話す、Aの瞳には光るものがありました。その後、事件のことを互いに話し、こういうことをしてしまった、被害者への思いを話し、そこから反省について話し合うようになりました。同時に彼も自分もシャバでは定職に就いておらず、職を転々としただらしない生活をしており、その情けなさに「このままじゃだめだよな」「そうだよな、変わらなきゃな」と自身の内面についても話すようになりました。

Aは外向的で明るい人柄です。やや軽さ（言動や雰囲気）がありますが、人あたりがよく優しい人です。損得が絡むときに我が出ますが、乱暴な言動はなく温厚です。彼とは休憩時間、時間が合えば、贖罪や更生、反省について話すようになりました。「償いってなんだろう」「反省ってなんだろう」「更生ってなんだろう」と。あるとき、「うちらが今、こうしている間にも被害者はとても苦しい思いをしているかもしれない。涙を流しとても悲しんでいるかもしれない。今この瞬間にも、もっともっと考えなきゃだめだな」と彼は言いました。Aは一時ボランティアで有名になった「おばたはるお」〔尾畠春夫〕さんに触発され、「おれも人のために何かしたい」と言いました。「おばたさんは何で悪いことをしたわけでもないのにあそこまで人のためにできるんだろうな。悪いことをして罪滅ぼしってならわかるけど、そうじゃないんだよ。すげえよな、俺もああなりてえな」と。「そうだな、おれらもああありたいな」と自分が答えると、「俺、おばたさんみたいになるわ。人助けしような」と言い、社会貢献の目標や夢を日々語り合いました。

尾畠春夫は、被災地などに出かけ活動をする「スーパーボランティア」として、二〇一八年の山口県周防《すおう》大島町《おおしまちょう》で行方不明になっていた二歳の子どもを救出し、テレビなどを通じて一躍その名が知られるようになる。尾畠は一九三九（昭和一四）年生まれの高齢ながら、強靭な肉体と信念で活動を続けている。Aはテレビでその存在を知ったのだろう。

また啓発本で良いのがあれば互いにすすめ、それについて話しました。仕事でも「こうすれば生産性が上がるんじゃないか」「こういうのはどう？」と意見を交わし、仕事のやりがいや楽しさを学んでいきました。彼とは同調するところが多く、その関係性からさまざまなことを話せたのが大きく、今があります。一人ではこうなっていなかったと思います。今は別々ですが、今でも大きな存在です。

もう一人のBも水原と今も同じ工場で仕事をしているそうだ。懲役は一六年。水原とBは他愛ない話を交わすようになり、事件前の生活や家族の話、そして事件の話もするようになったという。

Bは子どもの頃、父から暴力を受け、ことあるごとに頭や顔を叩《たた》かれ、蹴られていたと水原に打ち明けた。九〜一〇歳ぐらいのときに父は再婚したが、義母からも陰湿な仕打ちを受けた。父が一緒にいるときはやさしい口調で接してきたが、いないときは口調も荒々しくなり、Bの洗濯物だけたたまず、「自分でやれ」と投げつけられたりしていた。

Bは父、義母との会話はほとんどなく、ときおりある父からの問いにBはぼそっと一言返すだけ。節分や七五三などの行事をやってもらったこともなく、クリスマスや誕生日のプレゼントをもらった記憶もない。だから、二つ上の兄や、兄の友だちといつもつるんでいた。一九歳のとき結婚するが、その女性と交際していたとき、誕生日ケーキの話をされ、「誕生日のときってケーキ食べんの?」と聞き返したという。

水原はAとBともかなりの会話をしてきた。水原が二人の聞き役となって、二人とも過去の自己を引き出すかっこうだ。一方で水原が聞き役だけになっていたわけではなく、水原も同じ罪を犯した者と言葉を交わすことで自身を相対化していくことができたのだろう。房友を得たという単純なものではない。

Bはパクられてから過去の自身を省み、自己分析をするようになりました。ノートに過去のことを書き綴り、そして父や義母、家庭の環境が今の自分の人格を形成していることに気づきました。10代の頃は他者に興味がなく、人の気持ちを考えたり共感性というのがありませんでした。笑うことも少なく、バイト先で「お前、笑い方ヘンだぞ」と言われ、「どうやって笑えばいいんですか。笑い方を教えてくださいよ」とやや感情的に返したことを話してくれました。「俺は親の愛情というものを知らない」と言い、「だから自分は冷酷な人間になったんだと思う」と言います。あるとき、Bから「母親に抱きしめられたことある?」と訊かれ、「うん、あるよ。幼い頃、同じ布団で一緒に寝たり」と答えると、「いいな、俺、そういうのが本当にないからさ」と言ったBの言葉がずっと頭に残っています。Bはやや淡白なところがあり、ときどき人に冷たい印象を与えることがありますが、今は普通に笑い、冗談も言います。Bは自分を知るための自己分析（過去の生活や環境など）の中で激しい苦しさや怒り、悲しみに襲われました。そしてそのとき被害者の苦しみなどを知ったと言います。「決して同じものではないが、こういう気持ちなのかな」と。

Bと自分は贖罪観がやや異なります。償いについて聞くと「それはこっちが考えることじゃない。こっちが償いと言って何かをやるのは違うと思ってる。それは被害者が望むことで、それを受け入れる状態をつくっておくこと」と言います。その上でしたことに対する責任について問うと、「やってしまった自分を変えること」と言い、「本当にもうしわけなく思ってる。おこがましい言い方だけど、被害者には事件のことで苦しんでほしくなく、笑って生活していてくれたらと思う。本当に失礼な言い方だけど」と言います。自分の贖罪観を伝えると「ん～、何か自制することに意味があるとは考えない。否定はしないけど自分にそういう考え方はない」と。反省のない人からはよくそういう言葉を聞いてきました。「それをして何の意味があんの？」「自制をしても何も被害者のためにはならないんじゃない？」と。

ただ反省のある人からは度合いはさまざまですが、おおむね「そうですよね」という言葉を聞いていたので、はじめは（反省のある）Bとの考えの違いに戸惑いましたが、数日考える中で「なるほど、そういう考えもあるのか」と思い至りました。

同囚Bとの対話の続きにはこう記してあった。Bは水原に対してかなり胸襟を開いているようである。いくつかの模範的かつ真摯に思慮深く生活を送っている受刑者には人が自然と集まり、質問をしてくる傾向があることを私はかねて知っていた。

たとえば難解な本を読んだり、書き物をしたりしている姿が他の受刑者の何かを刺激するのだろうか。この自然発生的「サークル」には「官」がおこなうカウンセリングなどでは出てこない彼らの本音があらわれてくるのではないか。「上」からの自分への評価を気にしなくて済むからだ。


あるときBから「自分を追い込んで鬱になったり、〔気分が〕落ちたりすることはないの？」と訊かれました。「あるよ。毎日、こえー（怖い）夢見たり、体調崩したり」

「それでこのままじゃやばいとか、追い込むのはやめようとは考えないの？」

「考えないな。俺、弱えなあって思う」と答えると、「そうかあ、でも追い込んでそれに耐える力をつける、というのは言ってみれば、感覚が鈍くなるってことでしょ？　共感性を欠いたり、人に対して鈍くなったりしない？」と言われました。

これまで「自分が弱い。このままじゃダメだ」と考えてました。もちろん、今も。「耐える力」＝「感覚が鈍くなる」という発想はありませんでした。耐えるとは感覚を鈍くするということなのだろうか、わかるようなわからないような気もしますが、共感性や社会性に弊害が生じることもあるのかもしれないと、それについて考えるようになりました。

以前Bに、「はじめは話しかけづらかった。怒ってるんじゃないけど、そういう雰囲気があった」と言われたことがありました。あるいはそういうところにつながっているのかもしれません。

Bは過去の冷めた人間性から、場の空気を壊したり、人に不快感を与えてしまうことを気にしている様子がうかがえます。無意識に人の目を気にしてしまうと言います。敏感になっていると。自分の贖罪観に対し、「感情を抑制して場を盛り下げたりするのはよくない」と言います。明るくユーモアがあり、自然と人を集める、ある同囚の話をよくするので、そういうのに憧れるといいますか、大事にしているのだと思います。

刑務所の中では互いに腹をさぐらざるを得ないような、受刑者たちの中でのストレスがある。互いの罪状を含め、さまざまな個人情報、被害者への意見の差異、「態度が生意気だ」というような些細なことで喧嘩になり、懲罰をくらうこともある。そのようなことを考慮して誰と誰を同室にするかなどを刑務所は「鑑別」していると思うが、予期せぬ化学反応はいつどういうところに発生するかわからない。

先ほど「鬱になったり」というBからの質問の話をしましたが、B自身考えすぎて体調を崩したことがあるそうです。鬱気味の状態が続き、激しい動悸に襲われることもあり、あるときに立っていることもできなくなり、しばらくの間（数週間ほど）、病棟で休養していたと言います。その間、相当に（気分が）落ちていたそうで、「死にたい」じゃないが、ぼーっとし、たびたび「死」のイメージに見舞われていたそうです。そして休養しているときに「このままじゃだめだ。自分にも待ってくれている人がいるわけで、その人たちに苦しんでいる姿を見せ、心配をかけさせたくない」と思ったそうで、また「自分は被害者のために生きてるわけじゃない」と思うようになったと言います（被害者のことを考えるのをやめたわけではありません）。

先述のAとは考えが近く「もっと考えなきゃだめだな」と、ともにストイックに向き合ってきましたが、Bとは異なるところがあり、はじめはあまり理解できなかったのですが（今でも、ん〜……それはどうなんだろうと思ったりすることもありますが）、Bの考え方も一つの在り方なんだろうなと考えるようになりました。

Bからは明るさや笑うことやユーモアについて、またこの中がすべてじゃないこと、現実的に先を見据えるということを考えさせられています。

ある時期、水原は刑務所内で始めた短歌についてよく書き送ってくるようになった。私は短歌をたしなまないが、短歌も言葉を習得し、心を耕す意味で高度な思考をうながす。受刑者のつくった短歌展に何度か足を運んだことがあるが、罪を犯して特殊な環境に閉じ込められている彼らによって、心の中だけの自由という限られた枠の中で編み出された言葉には考えさせられるものがある。

哲学者の西田幾多郎《きたろう》さんの短歌に次のようなものがあります。

人の世の楽しき春をよそに見てとけんともなき我心かな
わが心深き底あり喜《よろこび》も憂《うれひ》の波もとゞかじと思ふ
世をはなれ人を忘れて我はたゞ己が心の奥底にすむ

〔『西田幾多郎歌集』上田薫編、岩波文庫、二〇〇九年〕

自分の好きといいますが、自分の心情をそのまま詠んだのかと共鳴を覚える歌で、Bと出会うまではこのような心境だったのですが（今もそうですが）、Bと出会い、「明るさ」

というのを考えるようになりました。Bと話すときは意識的に笑ったり、冗談を言い合ったりするときがあるのですが、あるときBは「そっちのほうがいいよ。少なくとも俺は嬉しい」と言いました。その言葉はありがたく、嬉しい言葉でした。同時に複雑で苦しくもありました。

Bの価値観や、以前、お話しした今のオヤジ（担当）の助言に新たな視点が入り、葛藤や苦しさもありますが、それらも必要なことなのかもと考えるようになりました。

Bは過去の自身の経験から、同じ境遇にいる子どもたちを救いたいと話します。児童虐待やネグレクトから形成される認知力や人格、あるいはある種の人間性が欠如することを危惧しており、被害を受けている子ども、あるいは加害行為をしている親のために活動をすると言います。

Bは今日も、子どもたちのために何ができるか、一心に思考を巡らせています。Bとは贖罪観が異なる分、そこから考えさせられることもあり、時間が合えば、贖罪や更生について話し、また社会貢献や日々の目標、夢を話し合います。Aと同じようにひとりでは気づけなかったことや、水平思考（あるいは垂直思考）を得て、またモチベーションになっており大事な存在です。

繰り返すが、同囚間でのやりとりで互いに気づきを得ていくという様を私は初めて教えられ、水原が選んだ西田幾多郎の短歌にそれがあらわれていると思った。

受刑者同士のやりとりの中にも、私たちは読み取らなければならない要素があるのではないか。房の中で知己を得るといっていいのかわからないが、ここに第三者が介入してさらに対話を膨らましていくことの可能性を考えた。

厳罰の抑止力と死刑について

某日。私と映像作家の森達也さんとの対話本『死刑のある国ニッポン』（金曜日、二〇〇九年）を水原に差し入れた。強硬な死刑廃止論者の森と、条件つき存置論者の私が長時間にわたって語り合った記録だ。「入り口は同じだが、出口が違う」というのが最後まで二人の共通認識だった。

『死刑のある国ニッポン』についてですが、まず、藤井さんの犯罪被害者の方々に寄り添う姿勢とその人間性に、森さんのまっすぐな人間性に心惹かれます。

藤井さんの言葉に「うん、そうだよな」と思い読み進めると、次の森さんの言葉に「ん!? それもあるな」と右に左に揺れながらおふたりの対話に引き込まれながらあれこれ考えさせられました。

死刑については自分は存置派です。ただ正直これまで死刑について考えたこともなく「死刑」に対するさまざまな事実や背景、そういったものを何も知らず、理解もしていないので、情緒に立脚したスタンスであり、また自分がこうして生きていることを思うと、そう発言することに非常に気が引けますが、死刑は必要であると考えます。

自分は冤罪《えんざい》や生命倫理、自然権や人権、宗教的観念、そもそも死刑とは何なのか、何のためにあるのか、そういった背景をわかっていません。何も知りません。ですが、人の命を奪った者として、自分のしたことの「意味」を考えて、死刑というものを肯定します。

お二人の思想に触れ、逡巡や迷いも生じており、考察しなければと思いますが、今はそのように考えます。

ただ一方で水原はこうも書いていた。厳罰の抑止力についてである。これについては私も同様で抑止効果には疑問を持っている。だが、抑止効果が薄いからといって、寛刑化がいいとは思うことができない。いくら批判されようとも、それとこれとは別の話だという思考から私は離れることができない。

厳罰の抑止効果についてですが、効果は低いと思います。自分は社会で犯罪を繰り返していたとき、自分が逮捕される、あるいはされるかもしれないという観念はありませんでした。何人かの同囚にも質問したのですが「捕まるなんて考えたことない」と口を揃えて言います。

そもそも犯罪者は自分が捕まる、刑務所に入るという観念がないのです。仮にあったとしても、その罪が何年の刑を受けるのか知りませんし、考えもしないのです。それを考えると抑止効果は相当に低いと思います。

被害者遺族と加害者家族

某日。私は水原からかつて、贖罪に「答え」があると考えていたことを伝えられ、驚いたことがある。当初はなぜ、贖罪に「定型」のようなものがあると思っていたのだろうか。どこから聞いていたのか、そうだと思い込んでいたのか。刑と贖罪は違うということにどうして気づいていったのか。

贖罪については、なぜかはわからないのですが、これだという答えがどこかにあるのだと、漠然と考えていました。どこかから聞いたわけでもなく、自分のしたことを考える中で、服役して数年はそう思ってました。

服役と贖罪については、はじめから別のものと考えていました。ただ、これも明確な論理からそう考えていたわけではなく、本や刑務所の機関誌で目にする「服役が償い」という受刑者の声や、自身で反省などを考える中で「それは別だよな」と当初はおぼろげに考えていました。

その後、いろいろ考える中で、服役し刑期が満了すれば法的な意味での罰は終わるが、人の命を奪った者の罪、責任が消えることはないと考えるようになりました。

服役当初と比べ、反省や更生、贖罪についての思考は深まりましたが、それは被害者の方やご遺族の方に対する思いや、自身の家族に対する思いだけでなく、自分の場合は自身の内面に目を向けたことが大きな要因で、それで深まっていったように思います。

水原は、手紙に「〇月〇日は被害者の方の命日です」と書いてくるのを忘れなかった。自分が命を奪った相手が亡くなった日だ。

今後、謝罪文と作業報奨金の送金の申し出を一からやり直してもいいものかと考えているようで、私も意見を求められたが答えようがなかった。

加害者の犯した罪は、被害者の家族はいうまでもなく、親戚、友人、関係者に何らかの影響を及ぼす。社会は被害者（遺族）対加害者という図式で考えがちだが、事件の影響はある意味で無限であり、有限ではない。人の命を奪った事実とは、被害者側、加害者側双方にアメーバのように増殖し、時間の経過に関係なく、人の心に大小さまざまな傷跡を残していくものなのだと、取材をしているといつも思う。

普段は付き合いのない遠い親戚でも、そういうときだけ「身内に人殺しがいる」ということを吹聴《ふいちょう》する者がいたりして、血縁者の結婚が破談になってしまうケースもある。水原と血縁関係があった人々が何らかの形で「事件」と自分を結びつけて考えてしまわないとも限らない。

被害者遺族の中でも受け止め方や感情に差異がある。

当事者を支えるために事件に積極的に関わろうとする人もいれば、見て見ぬふりをしている人もいる。

私の取材経験からいうと、親族（親戚）の中でも温度差があり、遠巻きに見ているだけの人のほうが多い気がする。付き合いの濃淡の差もあるのだろうが、どうやって関わったらいいのか想像がつかず、「めんどうなこと」に関わりたくないというのが本音のように感じる。

被害者の友人や知人も温度差はあっても、知己を「奪われた」という気持ちを植えつけられる。それが将来どういう形で、個々の人生に影を落とすかはわからないが、性格や生き方を変えてしまわざるを得ない人もいるかもしれない。個々の人生に何かがあったとき、「事件」の記憶を呼び戻すことになり、むりやりに結びつけて考えてしまう可能性もある。

『加害者家族を支援する―支援の網の目からこぼれる人々』（阿部恭子著、岩波ブックレット、二〇二〇年）という本を読み、私は感想を水原に送った。

この本によると、英語では「加害者家族」は「Hidden Victim（隠された被害者）」とか、「Forgotten Victim（忘れられた被害者）」と表現されることがあるそうで、ここで「被害者」という言葉を使うことに抵抗を感じる人もいるかもしれない。

加害者の家族がまったく犯罪事実と関連性がなかった場合でも、日本社会の「空気」の中では偏見の目で見られ、連帯責任を問う声が上がりやすい。相談する機関も一部のＮＰＯがあるが皆無に近い。押し黙って、隠れて生きていくことを強いられているのが現状だ。

加害者家族は加害者の数に比例して数多く存在するのに、まったく手当てをするところもない。私は加害者家族にもずいぶん取材した経験から、これは由々しき事態だと前から指摘していた。

しかし、勘違いしてはならないことは、被害者や被害者遺族支援と同じベクトルで考えてはならないことだ。

心情等伝達制度

某日。水原からの手紙。

〔被害者と加害者という〕二項対立だけでは語れない周りへの影響についてですが、犯行当時はもちろんそんなこと考えもしませんでした。本件だけでなく、社会にいた頃、悪さをする中で、された側のことすら考えていませんでした。

服役して犯罪被害者の方々に関する本を読むようになり、周囲への影響を知り、考えるようになりました。家族の中で事件の受け止め方に差異があり、それが原因で揉《も》める、夫婦間が悪くなる、居住地を変えざるを得ない、仕事が手につかない、肩身が狭くなる、睡眠薬・精神安定剤が手放せなくなる、常に不安や無力感がつきまとう、自責の念に苛まれる、被害者の側はもちろん加害者の側にもさまざまな影響を与えてしまっています。

藤井さんがおっしゃるように、どのような形でかはわかりませんが、被害者・加害者につながりのある人の人生に影を落とし、生き方を、人生を変えさせてしまっているのです。

被害者の方の人生を奪っただけでなく、ご遺族の方々の一人一人の人生を、知人、友人の人生を奪ったのです。そして自分の家族の人生をも奪ってしまったのです。

事件の関係者は普段の生活の中で苦しみがあれば、それは2倍、3倍となり、喜びは半減されてしまうのではないでしょうか。またご遺族の方が加害者である自分の出身地や氏名に使われている字を目にするたびに事件のことを思い出し、テレビや映画、小説など、何気ない日常の中で事件とリンクしてしまうことがあり、心安まるときはないのかもしれません。

以前、加害者家族の本を読みました。加害者家族のおよそ88パーセントが自殺を考えるとのことでした。事件報道によるショック、近所の苦情、家族を失ったショック、生きていることの罪悪感、自責の念など。加害者家族というのは紛れもなく被害者です。

水原はこうも記していた。

以前、ご遺族の方の思いや苦しみなどについて本を読むことで知識としては増えたが、現実に即したレベルでの理解・想像はあるところで止まってしまっているというお話をしました。

そのことについて考えていたのですが、そもそも想像には限度があり、そして苦しみというのはそれを受けた人にしかわからないものです。作家の村上春樹さんが「痛みというのは個別的なもので、そのあとには個別的な傷口が残る」〔『海辺のカフカ』上、新潮文庫、二〇〇五年〕と話していました。

自分がどういうことをしたのかを知ることで見えてくるもの、気づけるものはありますが、ご遺族の思いをすべて理解しようとするのは傲慢ですね。わからない中で思いを巡らし、考え続けていくことが大事だと知りました。

藤井さんが書かれた『殺された側の論理』の中で、「大多数の遺族にとって、加害者の『更生』は（中略）二の次三の次の問題であって、かつ『真の』更生など期待はしていないのである。もっと言えば『どうでもいいこと』なのだ」とありますが、胸中を思えばその通りだよなと思うのですが、更生についてでなく、受刑生活や態度についてはご遺族はどのように考えられているのでしょうか。

まじめに生活してほしい、どうでもいい、被害者のことを思いだしてほしい、思いだしてほしくない（考えてほしくない）、苦しんでほしいなど、ご遺族によってその思いは異なるとは思いますが、受刑生活についてはどのように望まれているのでしょうか。ご遺族の方々とは服役後の加害者の受刑生活や生活態度などについてのお話をしますか。

私はハッとした。被害者や被害者遺族と、受刑中の加害者の話をしたことはさほど多くないことにだ。刑が確定した時点で一つの区切りがつく。それは望んだ罰がかなえられた場合もあれば――とは言え「納得」ではないが――、不満を抱えたままのときもある。後者のほうが圧倒的に多いのはいうまでもないが、私が取材していたのはその時点までのことが多く、その後の被害者や被害者遺族と受刑者の関係についてはあまり気に留めたことがなかった。

それよりも加害者が仮釈放や満期出所で社会に戻ってきたとき、寄せては返す波のような恐怖と不安に襲われることを被害者や被害者遺族はわかっている。そのことを予測して嘆息していた被害者や被害者遺族が多かった。

私はユウカさんのときのように、収容されている施設内を見たいという遺族に何度も同行したことがあるが――先述の通り刑務所の「配慮」で当該加害者は当然ながら被害者の視野には入れさせない――受刑生活について思いを馳せている人も口には出さずとも多いと思う。しかし、知りたくとも知る術がない。

「心情等伝達制度」という犯罪被害者等基本法第一八条（刑事に関する手続への参加の機会を拡充するための制度の整備等）に基づいた施策は、刑務所で刑期の途中に仮に釈放されるなどして、社会復帰した加害者などのうち、保護観察所において改善更生のための指導を受けている加害者（更生保護法四八条、四九条）に、被害者が心情を伝えられる制度である。

ここで見落としてはならないのは「保護観察中」に限定されるということと、軽犯罪から凶悪な犯罪まですべての犯罪の「保護観察」を含むことだ。刑事施設の中までは被害者の声は届かなかった。二〇二三年一二月からは「心情等聴取・伝達制度」となって改められたが、それについては「おわりに」で述べる。

法務省の関係部署の知人に聞くと、一日でも保護観察所にかかった人は年間三〜四万人になるが、「心情等伝達制度」を利用している被害者は年間二〇〇件に満たない——罪名は不明——ほどである。

ニーズに合っていないからなのか、人手が足りないからなのか、制度の周知がされていないからなのかわからないが、そのような状況が基本法の成立・施行から一〇年以上も続いている。二〇一二〜二〇一四年の利用件数が、三三県で一桁台にとどまり、福井、鳥取、佐賀の三県はゼロだった（「弁護士ドットコムニュース」二〇一五年一一月九日）。

警察庁のウェブサイトには「加害者に自分の気持ちを伝えられて良かった」という意見や、「話を聴いてもらえてよかった」、「制度を利用することにより、自分の気持ちに区切りがついた」といった感想が届くこともある、と自画自賛が書かれているが、仮に、被害者の心情として、たとえば「死んでほしい」「消えてほしい」などの憎しみの声は、加害者の改善更生を妨げる恐れがあると判断されれば、はねられるだろう。この制度には、被害者の要望に対して仮釈放中の者に応じさせる強制力もない。つまりは使い勝手が悪い、ということに尽きる。

慰謝料数千万円をどう支払う？

某日。自らへの損害賠償請求について、水原から書き送られてきた。

受刑中の加害者に対する民事訴訟の法廷には、刑務所は原則的に護送をせず――護送職員配置の困難（予算の不足）、法テラスによる法律扶助を受ける道が代理人を通じて残されているなど――で、裁判所が本人尋問を採用したとき以外は出廷を認めない。

受刑者が望んでも民事法廷に出廷することはできない。被告不在のまま、原告の主張が一方的に認められることになる。この刑務所の判断に対しては、出廷権を侵していると批判がある。確かに受刑者の民事裁判を受ける権利をないがしろにしていないだろうか。

水原の場合はどうだったのか。

民事訴訟については、受刑中に訴状が届きました。どうすればいいのかわからなかったので、法律関係に明るい同囚に相談し、弁解の余地はなく原告の主張をすべて認める旨の答弁書を自身で書き、提出しました。

その後、第一回口頭弁論調書（認諾）が届きました。自分はそこから数回の審理を経て判決に至ると思っていたのですが、その後、何も届かないので、法テラスに手紙を書き、弁護士に相談したところ、上記弁論調書が判決だと聞き、そこですでに判決が出ていたことを知りました。

判決は、遺族の両親の分合わせて数千万円を支払えというものだった。慰謝料のほか、被害者の逸失利益や犯行時の損害金、金利なども合わせた金額だった。水原の出所後の人生で、普通に働き、払い終えることができる金額とは私には思えなかった。

正直、損害賠償についても何も理解していません。支払いなどについてお教えいただけませんでしょうか。

仮にこのままご遺族の方にお受け取りいただけない場合は被害者支援団体などにご送金していこうと考えています。

自分は損害賠償の支払いについて、ただ自身に科せられた賠償金を支払うというのではなく、ご遺族への謝罪意思表示、そして自身への戒めと考えます。

長期刑の受刑者には支払う術はあるのだろうかとお話しされていましたが、難しいように思います。

月々の報奨金は平均4千円前後です。所内で日用品や本、集会などで千円使用したとして、年にたまるのは3万6千円、10年で36万、20年で72万です。社会に出ても年齢や体力（座り作業が多く、また所内での移動もほとんどないため）から就職も容易ではありません。

仮に1億円の賠償〔利息含む〕がある受刑者が50歳で出所し、80歳まで生きるとして完済には年330万、月に27万円の支払いを要します。

ご遺族の方々は、完済よりも、それに対する姿勢というものを加害者には求めると思うのですが、一家の大黒柱を失い日々の生活に困窮しているご遺族の方も多くおられると思います。

水原が心配しているようにそもそも出所後の仕事が見つかるかどうかもわからない。法務省は受刑者の雇用先として「協力雇用主」を集めることに注力しているが――法務省によれば再犯者は仕事に就けなかった者が七割で、再犯率は仕事に就いている者の三倍にあたる――成功しているとはいえない。病気や怪我《けが》で働くことができないケースも予想される。それに莫大《ばくだい》な損害賠償金を払い終えるまで何十年もかかる。机上の計算は、残念ながら文字通り机上の計算でしかない。

加害者側の逃げ得が看過されている現状ですが、国がご遺族にお支払いし、国が加害者から徴収するという形での法整備はなされないのでしょうか。

また現在数円〜数十円の刑務作業の時給を最低賃金とまではいかないものの数百円まで引き上げることはできないのでしょうか。

月の作業時間は100時間前後なので、仮に500円まで時給が上がれば月5万円です。この中から6〜7割を賠償金に強制的に充てさせます。それでも微々たるものかもしれませんが。これまでに、そのような議題は挙がったことはないのでしょうか。

前にも触れたが、報奨金を上げる指摘は以前からあるが、財源不足を理由に国の議論の俎上《そじょう》にのぼったことはない。何らかの補償金についての議論は継続しているが、犯罪者の負債を税金でまかなうことには異論があろう。

水原は課せられた負債と向き合っていくと宣言しているが、おそらく多くの受刑者が自分が負った金銭的負債の額も意識せず、謝罪文の一つも書かないまま、野に放たれていくのだと思う。

犯罪被害者等基本法の施行で経済的な支援は一部、以前よりは改善されたが、犯罪（事故）で怪我や心身に障害を負った場合、家をそれに合わせてリフォームしたり、高額な医療費——

一生治らない怪我を負わされた場合など――は自己負担になってしまう。

被害当事者が精神的なダメージから立ち直れず、仕事ができないケースも多い。それを支える被害者家族の負担は想像を絶するものがある。無限に被害の後遺症は広がっていくが、そこまで思いを巡らせる加害者はごく一部だろう。加害者だけではない。社会はそこまで思いが及んでいるだろうか。

損害賠償金の現実

被害者遺族の方は全部ではないが、刑事裁判確定後、あるいは刑事裁判と並行して損害賠償の審理をおこない、刑事裁判確定後に同じ裁判官が賠償を命じる制度（損害賠償命令制度）を使って加害者に対して損害賠償の訴訟を起こす制度が新設されている。

繰り返すが、加害者側に支払い能力がない、差し押さえる財産がないと弁護士の調査などで判明した場合は民事訴訟を起こさない遺族もいる。あるいは無期懲役のときは、社会に戻った後、働いて弁済していくことは物理的に無理だろうと諦めざるを得ず、民事訴訟を起こす費用――当然数百万円にのぼることもある弁護士費用も被害者側持ち――をどぶに捨てるようなものだからだ。

拙著『黙秘の壁』に記録した事件もそうだったが、刑事裁判で満足に審理が尽くされないと被害者側が感じたケースなどは民事裁判で公開の事実上の「再審」(実際の再審は、認められることは非常に少なく、かつ非公開でおこなわれることが多い)として意味づけされて提起される。

その場合、刑事では不起訴、あるいは無罪、しかし民事では賠償責任が認められるという、被害者の心情としては「逆転有罪」判決を得たような気持ちにもなるが、同時に刑事判決との捩《ね》じれも感じざるを得ない。

私はこのようなケースも多く取材してきたが、民事判決を受けて検察が再捜査を指揮することはほとんどなく、従って逮捕に至るケースも皆無に近い。捜査機関にはその義務もない。そこに生じる「捩じれ」は被害者遺族からしたら「矛盾」として残ったままになる。刑事と民事では判断が真逆ということに困惑するのは当然である。

再度書くが、損害賠償金を長期刑の者が支払う術はあるのだろうか。民事裁判で確定した権利は一〇年で時効になってしまうため、一〇年ごとに更新のための裁判を起こし、時効が効力を発揮できないように止めている被害者遺族も大勢いる。

事実上、受刑者は社会に戻った後に働いて得たお金を払っていっても、いっこうにその金額に達しない。それに嫌気がさし、毎月お金を払い続けることをせず行方をくらましてしまったり、無視したりということが大半だ。わずかずつでも月々払っている加害者は例外である。

少年事件で、複数の加害者全員に対してまとめて賠償金を支払えという民事判決をいくつか取材したことがある。ただし、裁判所が設けた和解の協議の場で加害者の支払い割合を被害者代理人の弁護士と、加害者側の弁護士で取り決めるケースもある。拙著『「少年A」被害者遺族の慟哭』に書いたが、複数の加害者たちはその場限りのつながりであることが多く、もともと人間関係が希薄だったりするし、または地元での主従関係があることが多いので、加害者同士が社会に出た後に集まって協議をして負担分を決めるというのは不可能に近い。

少年事件の場合は少年法により刑期が成人に比べて短いので、社会に戻った後、加害者同士顔を合わすことはできる。しかし、住む地域が散り散りになってしまったり、互いに恐れ合ったり――とくに末端の者が主犯格に報復されるのではないかと――するのは容易に想像がつく。

各加害者が弁護士を代理人に立て、複数の加害者の過失割合を弁護士同士が調整するということがこの際の唯一ともいえる解決策だが、そこまでしているケースはほとんど聞いたことがない。とにかく加害者同士、再び関係を持ちたくない、連絡を取りようにも行方がわからない、というのが現実だ。

主犯格や準主犯格が精神を病んで入退院を繰り返していたり、少年の親や保護者が責任をなすりつけ合うケースを、私は法廷で数多く目撃してきた。あなたの子どものほうが悪い、うちの子どもは命令されただけだとやり合うわけだが、惨めでおぞましい光景だった。

また加害者となった家族を勘当や絶縁にしてしまったり、家族が離散したように見せかけたり、実際にそうなってしまったケースもあった。

複数の加害者は、民法上、各自連帯して被害者の損害を賠償する責任を負う（共同不法行為責任。民法第七一九条）。これは不真正連帯債務と呼ばれ、被害者は、加害者全員に対して損害額全ての賠償を求めることも、一部の者に対して全額賠償を求めることもできる。但し、二重取りはできない。加害者の一人が被害者に全額賠償すれば、その加害者は他の加害者の負担すべき責任割合に応じてその他の加害者等に求償（請求）できる。

一人だけでは更生できない

某日。いわゆる「更生教育」で第三者が介入することについて水原からの意見は先にも紹介したが、ときおり同趣旨の手紙が届いた。それはそう自分が欲しているからだろう。三人寄れば文殊の知恵ではないが、さまざまな意見を取り入れることは間違いなく「更生」に役立つと私は思っている。

刑事施設内でおこなわれる「特別改善指導」は、殺人、薬物、性犯罪などに分かれているが、そこにはまがりなりにも「対話」が存在する。しかし、他人の目を気にするなど複雑な感情が入り乱れるだろうし、模範的受刑者を演じようとする者もいるかもしれないから、私はかねて「一対一」を原則にして受刑者が専門家などと話し合うことを、恒常的に導入するべきではないかと考えてきた。

人的資源の面などで困難なことはわかるが、規則正しい受刑生活を送り、自律、自省せよというのを基本的な発想としているだけでは限界がある。自問自答をひたすら繰り返していく日常を持続させるのはきわめて困難だろう。

水原は自分の意見をこう返してきた。

自分が望む教育ですが、受刑者同士話し合える場と、第三者のサポートです。更生や贖罪は個的なものですが、一人ではできません。

非常に困難な作業です。きっかけや、モチベーション、後押しが必要です。一人では思考も偏ります。話し合うことで見えてくるものがあります。聞いてもらうことで気づけることがあるのです。〔『反省させると犯罪者になります』を書いた〕岡本茂樹さんのいう心の内を吐露することは重要だと思います。第三者のサポートは長期的なものが好ましいです。

読書も重要ですね。読書とは疑似体験ですから、感性や思索を深めるのにとても有益です。

反省の入り口は人それぞれです。この刑務所という非日常的な空間にいる受刑者は感性が敏感になってます。たとえば戦場の兵士や入院中の患者と同じように。

なので、人との触れ合いや読書（どんなジャンルでも）などのちょっとしたきっかけで、琴線に触れることがあるのです。

それは人との話し合いであったり、動物のドキュメンタリーであったり、恋愛小説であったり、家族とのつながり、被害者の苦しみであったり、人によって何が琴線に触れるかはさまざまですが、そのちょっとしたきっかけが必要なんです。

一人では気づけない人もいるのです。だから他者のサポートや環境が必要なのです。


水原が刑務所の中で紡ぎ、獲得してきた言葉と思考がよくあらわれている。この文章に書かれた水原の意思は広く社会に向けられなければと思った。

次の手紙に書かれた文章もそうだ。


自分は反省、更生、贖罪また罰などを一元的にとらえていました。

それらをすべて同一のファクターで為そうとしていたのです。けれどもそれらは一つひとつ切り離して考えねばなりません。

反省には反省に必要なファクターがあり、更生には更生に必要なファクターがあり、贖罪には贖罪に必要なファクターがあるのです。すべてを混同していました。贖罪観念を

「更生」のテリトリーに持ち込むのは、更生を損なわせてしまうかもしれません。

また喜びや幸福を悪、非とし、辛く苦しむことを是としてきました。

贖罪や罰にその思考スタイルは適当かもしれませんが、更生にまで持ち込むのは健全な精神の形成に破綻をきたし、更生を害するかもしれません。

被害者の方やご遺族に思いを致すのは贖罪のテリトリーであって、更生には人間性や対人スキル、社会性、社会適応性（ストレスコントロールやアンガーマネジメント、認知力やモラルなど）が必要なのだと思います。

正直、先の思考スタイルで精神や社会性などを損なうわけではないと思う自分もいますが、日常での喜びや笑いがあるから保てているものがあるのかもしれないとも考えるようになりました。


そして岡本茂樹の言葉を引用してこうも付け加えてきた。岡本の主張は先に紹介した被害者遺族の中谷加代子の意見と重なるところがあると感じるのは私だけだろうか。

幸福について、岡本茂樹さんが『反省させると犯罪者になります』で次のように述べています。

「幸せになることこそ、更生と関係があるのです。なぜなら人とつながって『幸せ』になることは、『人』の存在の大切さを感じることになるからです。そして、人の存在の大切さを感じることは、同時に自分が殺めてしまった被害者の命を奪ったことへの『苦しみ』につながります。皮肉なことに、幸せを感じれば感じるほど、それに伴って、苦しみも強いものになっていきます。この2つの矛盾した感情のなかで生き続けることは、私たちが想像できないくらい苦しく辛い『罰』となり得るのです」

この言葉を目にしたとき「何でこの人は殺人者でもないのに俺の心の葛藤がわかるんだろうか」と思いました。今の心境でその言葉を考えてみると、「幸福」に「苦しみ」が内包されているというパラドキシカルな観念には感に打たれるものがあります。同時に、当事者として手放しで受け入れることにも抵抗がありますが。

新たな考えが生じたことで自分の中で揺れ動いているものがあります。視界が開けたような気もするし、逸れてしまっているような気もしますが、自己を観察し、考察を深めていこうと考えます。

「罰」の本質に気づき、苛まれながら、相反する感情を抱きしめたまま、社会に出た後も生きることができるのかどうか。それが贖罪の条件といえるのかもしれない。

考え続ける力

某日。水原からの手紙。一言で言うと、私たちが一様に見なしがちな受刑者の心の在りようの多様性について知らせてきた。

ここで同囚と話していると、反省や更生、贖罪について考えている人は意外に多いのです。謝罪の念を持っている人もいます。

だから、正確にはそれらができないのではなく、それらの「継続」ができないのではないでしょうか。「加害者」という初めての体験の中で、やってしまったことへの思いはある、けれど、反省などのやり方がわからない。大罪を犯してしまった精神的重圧、あるいは社会的重圧に耐えられなくなるから周りの後押しが必要なのでしょうか。

手紙には、藤井さんはなぜだと思いますか、と書き添えられていた。確かにここで水原がいう「継続」をほとんど見聞きしたことはないし、「継続」を言い換えれば、「終わりがない」ということになるだろうか。

水原の言わんとしていることは、それこそが刑務所の中で育成されなければならない人間の

「考える力」なのだろう。何度も繰り返し言うが、閉じ込めて放置するだけでは何も人間は変わらない。労役だけでも変わらないだろう。パスカルは「人間は考える葦《あし》である」といったがその葦の芽が出始める者も、水原が言うように確かに存在する。その芽を宗教的アプローチも含め、被害者の声を聞くなど、多様な価値観に触れさせることで伸ばしていけないだろうか。

死刑・終身刑・有期刑で向き合い方が異なる？

一九九九年に一八歳の少年に妻と子どもを惨殺され、被害者遺族となった本村洋も、「真人間になったのがこちら（遺族）がわかってから死刑を受け入れてほしい」と社会に強く訴え続けた。当時最もメディアに露出した遺族だろう。

当該の元少年・大月（旧姓・福田孝行）は最高裁で上告を棄却され、二審判決の死刑が確定した。再審を求めているが、二〇二三年一二月に最高裁が第二次再審請求を棄却した。加害者の大月は裁判の中で一貫して反省の言葉を並べ続けたが、どう聞いても言い訳にしか聞こえなかった。私見だが、弁護団の論理性や倫理性を欠いたファンタジーのような弁護方針に乗ってしまったゆえに、被害者遺族の怒りの火に油をそそぐことになったと思っている。

水原は長期の有期刑だ。満期出所だとしても、社会にはいつか戻ることができる。だからここそ、贖罪について深く考えることにつながっているのだろうかと、手紙を読みながら考えたことがある。社会で「生き直す」という「希望」は、加害者にどう作用するのだろうか。その「希望」は、更生しようという気持ち、罪を深く見つめ直すということと因果関係があるのだろうか……。

某日。水原は次のように前置きした上で手紙を書いてきた。

いつも、ご遺族の気持ちを「理解」できると考えていた自分は本当に傲慢だったとつくづく思います。自分がご遺族の怒りや悲しみを理解できるわけないんですよね。本当に傲慢です。必要なのは、理解ではなく、理解しようとすること、事実を、実状を知り、心中を推し量ることでした。

そして、こう続ける。

有期刑、とくに短期については、犯した罪と向き合う時間、自分と向き合う時間、家族や仕事・生活などと向き合う時間、そしてそれらの思考・考察、心境の変化や価値観の変化を整理、取捨選択し、生き方を模索するにはやはり2～3年では短いかもしれません。その点では量刑は反省の度合いと比例します。

ただその比例は単純に刑期が短いから反省の度合いが低いというのではなく、罪名、つまり犯した罪も関係しており、〝短期＝度合いが低い〟ではなく、〝短期＝罪が軽い〟ということになると思うのです（「罪が軽い」とはあまり好ましくない表現ですが）。体感では罪が重ければ重いほど罪の意識、反省も深まると思うのです。

死刑・無期・終身刑については、もちろんその精神的、心的作用は大きいと思います。ただ、「反省」には希望「も」必要なのであって、希望「が」必要なのではありません。また、反省というのは本来したことに対する「思い」からくるもの、為すものなので、当該事項外のことに左右されるべき性質のものではありません。

自分は有期刑です。死刑・無期とは大きな隔たりがあります。決してその心的作用を軽視しているのではなく、また有期の自分がそこに言及するのはフェアではありませんが、希望が反省の源泉ではないのです。

水原はフランスで終身刑の受刑者一〇人が「生きる希望がないから死刑にしてくれ」と要望を当局に出した話を、「その囚人たちが主張したプロセス（服役年数やそれまでの反省、服役態度など、あるいは単に社会に戻れない不満からそういう主張をしているのかなど）はわかりませんが、社会に戻れないのなら反省できないというのは詭弁」と切って捨てた。

先ほど申し上げましたように、反省とはしたことに対する思いです。それで反省できないと言うのであれば、仮に戻れたとしても他に理由づけをして反省しないのではないでしょうか。

繰り返しますが、その絶望感、心的作用を否定するわけではありません。自分が考えている以上に精神的ストレスはかかってるはずです。希望がモチベーションになるのは事実です。ただ反省の本質を考えると「希望＝反省」と直結するのはいささか短絡的だと考えるのです。

「贖罪」と「社会復帰」は自分の中では関連がないと言い切った。つまり量刑と反省とは比例しないというのが水原が身につけた考え方だ。

自分はいつか社会に戻れるからこそ、贖罪について深く考えることにつながっているのか、とのご質問がありましたが、自分は贖罪を考える上で、あるいはその延長上に「社会復帰」という観念はありません。

有期刑でいつか出られることが決まっているから、意識しないまでも、どこかで下意識の影響を受けているのかもしれませんが、社会復帰を意識して贖罪を考えたことはありません。

ただ、「更生」という面では社会を意識することはあります。社会に貢献したい、何ができるか。

ですが、それら（更生）も社会復帰ありきではなく、更生に対する思いがあってその先にあるものです。来し方を省み変わりたい、社会に貢献したいという思いがあり、その先に「社会」がぼんやりとあるのであって、社会が源泉ではありません。


そして、この続きの話としてここ数年の自分の、ある内面の変化についても記してきた。水原の言葉を借りれば、変化というより「混乱」といったほうがいいかもしれない。こうあらねばという自責の念と、それをできていない自分との間を激しく揺れ動く。自分が変わるための反省とはその連続であり、償いの入り口なのではないだろうか。

以前、自分はこれまで反省、更生、贖罪には希望（ここで言う希望とは「社会」のことではなく、日々の生活の喜びや楽しみなどです）や息抜きは不必要だと考えていたが、希望や喜びなどのある種の光も必要なのではないかと、ここ1〜2年考えるようになったとお手紙に書きました。

これまで笑うことや人との関わり、欲の自制、自己を罰すること、自己の苦しみを目指し、それを反省としていました（今もそうですが）。

作業のとき、休憩のとき、部屋にいるとき、被害者の方のことを考えていないことがあり、それは反省が足りないからだ、不誠実だと、朝、舎房から出るときに腕に印を付け、作業、休憩、運動などの合間にその印を見、戒めていました。まるでそうすることで、真理に近づけるかのように。

その是非は別にして、ある種の光も必要なのではとも考えるようになって、新たな視座で一歩進んだようにも思いますが、それは変節で手を抜いているだけと思う自分もいます。その思考の狭間《はざま》で右に左に大きく揺れており、心が乱れています。

「何でそんなに自制しているんですか」

某日。私が先に触れた「生命のメッセージ展」について水原は改めて書いてきた。水原が収容されている刑務所でも開催されたときの話だ。

当所で「生命のメッセージ展」がありました。メッセージ展の後、一人の同囚と話していると「あれ（メッセージ展）から集会でるのをやめたり、自制をうながしてるけど、これって意味があるんですかね」と言ってきました（集会とは月1回ないし2回、500円ほどの菓子類を購入し食するもので、普段、甘味類を制限されているチョーエキにとって集会は大きな娯楽となっており、あるいは人によっては唯一の娯楽となっています）。〔その同囚に対して〕「もちろん直接的な意味はないかもしれないし、それをしたことで被害者に償いができるわけじゃないと思います。それに被害者からすれば自制して当たり前だろ、だから何って事柄だと思うっすけど、そういった行為の一つ一つの積み重ねが反省や更生、贖罪につながっていくんじゃないすかね」と言いますと、「そうですねえ」とわかったような、わからないような表情をし、うなずきました。いろいろな同囚と話していますと、その行為に「意味」を求める人が多いです。「それをして被害者に何の意味があんの!?」と。

自分はよく「何でそんなに自制しているんですか」と同囚に聞かれます。それに言葉短かに答えると、2割の人が「そういうのって大事ですよね」と理解を示し、5割が肯定も否定もせず「えらいですね」「わからなくはないけど、楽しみや息抜きも必要ですよ」と言い、3割が「そんなことして何の意味があるんですか」「この中でできることや購入できるものは権利としてあるんだから」「それ（反省）とこれ（娯楽）とは別でしょ」と答えるといった具合でしょうか。

直接的な意味はなくとも、その積み重ねが反省を形づくり、言葉や態度、行動として体現され、深まっていくのではないでしょうか。

水原の指摘の通り、「生命のメッセージ展」に何も感応できない受刑者は、「生命のメッセージ展」に込められた被害者遺族の心情に思いをいたすことはできないのだろう。自分が犯した罪と、他者が犯した罪が重なるようになるとき、その人物は変わり始めているのではないだろうか。

追伸として、「〇日は被害者の方の命日です。あれから十数年が経ちました。ご遺族の方々はどのような思いで、一日一日を過ごされているのでしょうか」と書き添えられていた。もう何度目だろう。

赤裸々に綴られるようになった内面

某日。水原からの手紙。自分の気質について考察したことが綴られていた。興味深く私は読んだ。

以前に、「反省の言葉の虚しさをわかった上で、思考を重ねることはなかなかできることではない」と藤井さんは書かれていましたが、自分としてはその言葉の「軽さ」「無力さ」ゆえに思考を重ねているのだと思います。性格もあるのかもしれません。

自分は優柔不断なんです。きっぱり割り切ることができないんです。あるところできっぱり割り切って淡々と行動していくのも一つの正解なのかもしれないと、ときどき考えます。

自分は思考は有要と考えますが、思考にとどまることを強く危惧しています。

どれだけ殊勝な思考、思想を抱いていても、言動がともなっていなければ、何の意味もありません。言動が本音です。ともすれば楽をしたくなるときもあります。そのために思考を重ね、意識レベルを上げ、体現するために思考を重ねているのだと思います。

私は水原に、刑務所生活でのリズムに沿った生活と思考との関係性のようなものはあるのかどうかを、手をかえ品をかえて質問していた。決まった時間に、決まった風景——季節によって異なるだろうが——を見る拘禁生活の中で、浮かぶ心象は何か変貌していくのだろうか。

起床時、就寝時、作業中や休憩中、何を考えるか、決まって考えること、社会に戻った日のことを考えることはあるかについてですが、そうですね、朝はまず母を想います。それから自身の改善点や、以前お話しした本村さんの「毎日思い出し、そして己の犯した罪の大きさを悟る努力をしなければならない」「君が犯した罪は万死に値します。いかなる判決が下されようとも、このことだけは忘れないで欲しい」という言葉を思います。

朝夕は、自己啓発書で目にした金言、自己の改善点や目標、また藤井さんの著書をはじめ、これまでに読んだ犯罪被害者やご遺族の方々の言葉などを書き記したノートがあるので、それを見返します。

前にもお話ししたように、作業中も被害者の方のことを考えねばと以前は考えていましたが、それはあまり健全ではないのでやめました。

今は先の就職につながること、仕事との向き合い方などについて考えています。今働いている工場では他の一般の刑務作業より社会の仕事に近く、学べることが多いのです。非常に忙しく、時間帯や日によっては時間に追われ、煩雑な仕事にストレスがたまることもあります。

ダルいなと思うこと、頓珍漢な動きをしている人にこいつ何やってんだよと思うこともあります。けれどもその分、やりがいや楽しさもあります。まともな社会経験のない自分にとってはその良いことも悪いこともすべてが学びとなっています。

休憩中はどれだけ自制心を保てるか、反省の度合いを測るバロメーターの一つとしており、神経を使うシーンです。


水原が黙々と立ち働く様子が浮かんでくる。厳密に決められた日常は強制的にやってくる。それに従うのが模範的受刑者となるわけだが、労働の所作一つひとつに集中していても、悔悟の念は離れることはないのかもしれない。が、それを誰かに伝えることは許されない。


一人のとき黙々と事にあたるのは簡単なことですから。元来、話をするのが好きで、調子に乗りやすく、悪ふざけが好きな性分です。なので人から離れ筋トレしたり、新聞を読んだりしていますが、ときに人と話したいと葛藤し、話しているときも、これでいいのだろうかということを考えています。

よく、クールだよね、落ち着いてますねと言われますが、変われているなと思う反面いささか複雑な気持ちになります。

部屋に戻ってからは、一日を省みます。

以前は自己嫌悪ばかりしていました。まだまだ、もっともっと、足りないと。完璧主義は身を滅ぼすと思いつつも、ヘタクソなんですね。今もその傾向はありますが、自己嫌悪は何の意味もないことを知りました。自分がやるべきことは自己嫌悪ではなく、自己分析であり、自らを省み、それを指標とし、言動を正しくしていくことだということを。

就寝前は母のこと、被害者の方やご遺族のことを考えます。

ただ被害者の方については思いを致すことが贖罪を深める手段（行為）の一つであるのに、いつしかそれが目的となってしまい、強迫観念のようになってしまっていたので、毎日考えることはやめました。

社会に戻った日のことは、前のお手紙でお話ししましたように、母にこういうことをしてやりたい、社会貢献はこういうことをしたいということを考えます。

あとは考えるというより、テレビなどを見てシャバではこんなうまそうなのがあんだな、シャバならこれを好きなだけ食えんだよな、キャンプしてみてーな、などということを思います。


赤裸々というしかない水原の気持ちが綴られていると私は思った。この手紙が届いたのは、文通を始めてかなり時間が経った頃なので、私との「壁」が多少なりとも低くなってきたのだろうか。無防備なほどに、内面を伝えようとしていた。被害者や被害者遺族が読んだら、娑婆に出たときのことを考えて浮かれているなんてとんでもない、と感じられると思う。が、それを承知で水原は日々の心の動きを綴ってきた。

ニュアンスは少しズレますが、社会を見据えるようになりました。オヤジ（刑務官）との会話がきっかけなのですが、自分はそれまで贖罪・反省に重きを置いていたので、社会性というものに目を向けていませんでした。

人とのコミュニケーションや規律違反ではないがモラルや空気を読むことやちょっとした言動、提出書類の不備などの話をされました。

この先、無人島で一人で生きていくわけじゃないんだと。はじめは言っている意味はわかるけど、それよりも考えなければならないこと（贖罪・反省）があるじゃないかと思っていました。

けれど、ここ1～2年そのことに思いを巡らせていると、オヤジの言ってることが少しずつわかってきました。

その意味でも、先の作業の話もそうですが、技術面よりも社会で就職する際に役立つ仕事との向き合い方などを考えるようになりました。

まともな社会経験がないので、対人スキル、ワークスキルや認知力、アンガーマネジメントなどソーシャルスキルが拙いのです。

社会では思い通りにならなければ力ずくで、時には暴力で解決してきました。そういうシーンでどう解釈し、嚙《か》み砕き、処理するか。手紙の中ではそれらしいことを言ってますが、幼い面は多々あります。

美達大和氏からの影響

受刑者の一挙手一投足を見張るのが看守（刑務官）の役割だというのが世間のイメージかもしれない。しかし、刑務所の決められた時間の間隙を縫うようにして、ベテランの刑務官のアドバイスが入る。

刑務所は陸の孤島のように、社会から隔絶された時空である。そこの中だけで醸成した「意識」に止まっていると、いざ釈放になったとき、いくら刑務所の中で贖罪の言葉を並べ立てたとしても社会で実行できるかどうか――そんなことをベテランの刑務官は考えて受刑者を監視していると、刑務官経験者から聞いたことがある。それだけ「再犯者」を見てきているからだろう。

水原は今の自分を繕わないで、さらけ出す。「人間のにおい」と書くと語弊があろうが、塀の中であろうが、人は生きる微々たる「楽しみ」を見つける。そのことを水原から伝えられると、情景がリアルに浮かんでくる。

藤井さんは自分にどのようなイメージを抱いていますか。笑うこともなく、常に己を律し粛々と贖罪の道を歩んでいる姿ですか。

でも自分は笑います。食事で好物が出たら高揚もします。テレビを見ていて、面白そうだな、シャバは今すげーなと思います。音楽も好きでテレビやラジオから好みの曲が流れてきたら心は安まります。藤井さんが思っているような人間じゃないかもしれません。

頭の中には常に「被害者の方、ご遺族」「母」「自己改善」この3つがあり、この3つが今の自分の行動原理となっています。

ただどれだけそれらしいことを口にしても、それなりの思想を持っていても、言動が伴っていなければ意味がありません。口では何とでも言えます。行動で示さなければなりません。

ですので、美達大和さんの一貫した姿勢に惹かれ、確固不抜の精神を持つあの人をリスペクトするのです。

己の思慮の浅はかさや精神の未熟さ、そして被害者やご遺族に対する姿勢、自身との向き合い方など美達さんの著書にさまざまな感を得、多くのことを考えさせられています。今の自分の価値観形成に、人格形成に少なくない影響を受けています。

美達さんはやや硬直的なきらいがありますが、徹しきれない自分にはちょうど良いのかもしれません。今でも心が揺らいでいるときは、美達さんの本をときおり読み返します。

美達大和は、二名を殺害し、無期懲役の刑に服しながら、『人を殺すとはどういうことか』、『死刑絶対肯定論―無期懲役囚の主張』（新潮新書、二〇一〇年）など数冊の著作を社会に書き送っている。

独自の信念により己の殺人行為を肯定していたが、被害者遺族の言葉を聞くうちに気持ちが変化を起こし、本来ならば死刑がふさわしいが、一生にわたって刑務所を出ないことが自分にできる贖罪であると公言している。

名前はもちろんペンネームだが、もともとは闇社会で跋扈《ばっこ》していた人物で、事件についてもある程度のディテールは描かれているので、その世界に精通した者ならば事件を特定できるかもしれない。美達はきわめて稀な思考回路の持ち主かもしれないが、水原は彼の考え方からも影響を受けている。

このまま文通していてよいのか？

大阪の読売テレビがつくったドキュメンタリー番組を観た。同局には私の親しいプロデューサーがいて、犯罪被害者問題を九〇年代後半から一貫して社会に伝え続けている。その後輩が手がけた番組だ。

番組は「生きる力―神戸連続殺傷25年　途絶えた手紙」というタイトル。神戸の児童連続殺傷事件の「その後」を伝えた内容だった。事件が起きたのは一九九七年で、当時「少年」（中学三年生）だった加害者は五人の子どもを殺傷したが、旧少年法で「保護」され、社会から隔離されたのはわずか六年八カ月あまりだった。

社会に戻った後に「元少年A」は被害者遺族に事前の通告もなく、『絶歌』という手記を「元少年A」の名前で出版した。事件の詳細な事実にも触れているのに、自分の名は「少年A」のままだった。

番組の内容を部分的に説明すると、元少年Aは事件後、ある時期から、年に一度、命日に被害者の弁護士を通じて被害者遺族の二家族宛てに「反省」の手紙を出していた。

女児の遺族はそれを受け取っていた。二二歳で少年院を退所後も出し続けていたが、遺族は「申し訳ないという言葉はあるのだけど、具体的にどう生きているかはわからない。これからのことについては一切触れてない。罪を償うということは書かれているけど、すごく抽象的でどうなんだろう、と。ごめんなさいという言葉を繰り返すことが謝罪だと思っているのだとしたら、そんなことではない。そういう行為（贖罪行為を探し求めること）から逃げているのであれば、絶対に逃げてはいけない」とインタビューに答えていた。

男児の遺族にも同じように、年に一回、命日に加害者の弁護士経由で手紙が届けられていた。開封していたが、反省しているという実感は持ったことがないと遺族はインタビューに応じ、「被害者遺族が手紙を読んで、これは謝罪だと思ったときにそれは謝罪だと思う。実感できない限り謝罪にはならないと思っている」と語っていた。

しかし、加害者は、遺族に何の事前連絡もなく、『絶歌』と題した手記を出版する。自分が犯した事件のディテールも詳しく記され、それは被害者側にとってはプライバシーを一方的に侵害されたと感じられるものだった。年に一回の謝罪の手紙も本の下敷きになっていたのだ。

遺族は激しい怒りを通り越し、とくに出版差し止めなどの法的手続きはとらなかったが、「これで加害者は更生していないことがはっきりした」という男児の遺族の言葉が強く印象に残った。元加害者少年は事件当時やその後の自分の内面を書いていて、謝罪の方法はこれしかなかったとも本の最後で結んでいる。

年に一回だけの手紙は、出版を境に途絶えた。男児の遺族は「殺された上に汚された」と憤りをあらわにし、「手紙を出すことは続けてほしかった。手紙を書くことは残忍な事件に向き合うということだと思っている。書かなくなったということは事件に向き合わなくなったというふうに理解せざるを得ない」とも語っていた。

女児の遺族も失望し、それまでの手紙をすべて破り捨てた。やはり加害者からの手紙も途絶えた。しかし、加害者が出版後も遺族に（弁護士経由で）宛てた手紙があることがわかり、加害者代理人の弁護士がそれを保管していた。どう扱っていいものやら、「元少年A」の弁護士も悩んでいた。

女児の遺族がそれを知り、初めて読む。一読した遺族は、「（元加害少年は）かわいそうな人間だ。出版したことで、加害者は失うものをすべて失った」という感想を漏らした。

唯一の接点だった、加害者の「元少年A」からの「手紙」はすべて途絶えた。「当時の自分のやったことの原点に立ち返って、再度、手紙を書き続けていくべきだった」とも男児の遺族は語っていた。

事件の遺族は手紙から何も感じられないと言いながらも、一方で、勝手に本を出し、手紙を中断したことを、反省していない証拠だととらえた。

私はふと水原と文通をしていることに疑問が浮かんだ。水原が手紙を出す相手は私ではなく、本来ならば、コンタクトを拒否している被害者遺族だったのではないか、と。たとえ開封もされず、弁護士預かりになろうが、返送されようが、抗議を受けようが、手紙の「宛先」が違っていたのではないか——。

水原の手紙の内容がどんなものであれ、手紙自体が被害者遺族にとって二次被害と感じられてしまう可能性を恐れる一方、獣から人間に戻りつつある自分の心中を伝えたいという思いもあったのではないかと私は思っている。そう考えれば、この本が——どんよりとした空に紙ヒコーキを投げるようなものだが——遺族へ万が一届く手紙になるかもしれなかった。「はじめに」でも触れたように、水原の捩じれた思いをどう受け取ればいいのか、私は懊悩し続けた。私はしばらく水原への手紙をしたためることができなかった。

仏に逢うては仏を殺し

某日。水原から私の懸念について返事がきた。彼ははからずも同じように悩んでいた。

自分のしていることは果たして正しいことなのだろうかと、自分も考えていました。自分がしなくてはならないことは、社会のためになることではなく、ご遺族を傷つけないことです。自分は加害者です。人の命を奪った。

ご遺族の方はもちろん、社会の目も厳しいものです。善の心からすることだから、社会に受け入れられずとも、ある種、許容されるのではないかと甘い考えがありました。加害者としての自覚が希薄でした。

ご遺族への打診を〔被害者遺族の代理人弁護士に〕依頼すると、それ自体が二次被害になると思い、ご遺族を近くで見ていた弁護士にご遺族の心情や謝罪の可能性などについておうかがいしたのですが、自分の書き方が悪かったのか、「水原さんの謝罪の申し出を伝え、もし受け取られるということであれば、また連絡します」と返信がきました。その後、連絡はありません。それから行動は何も起こしていません。

拒絶されても送り続ける発想はなかったか、とのことですが、一度断られた以上、受け取っていただける意思を確認できない状態では二次被害になると考えていたので、そのような発想はありませんでした。その後も弁護士に手紙を書こうかと何度も考えていたのですが、思いとどめています。

今回、お手紙を読んでから、もし書き続けていたら……受け取ってもらえずとも、弁護士の手元にたまっていたら、あるいは……と藤井さんのおっしゃるように頭の中でループしています。

お手紙の、男児のご遺族の方の「手紙を出すことは続けてほしかった。手紙を書くことは残忍な事件に向き合うということだと思っています。書かなくなったということは事件に向き合わなくなったというふうに理解しています」とのお言葉を受け、書き続けようとしなかった自分は反省や想いが足りなかったのではないかと脳裏に浮かんでいます。

一方的に「謝罪」の手紙を出す、つまり加害者が被害者にコンタクトし続けるという行為がはらむ暴力性は、殺された側ゆえに感じ取る危険そのものなのだろう。

「言葉」について、藤井さんのおっしゃる通り、こと謝罪に対しては多分に軽薄になります。同囚たちと反省や謝罪について話していると「思いを言語化したときの軽さ」の話はたびたび挙がります。

文章力の問題なのか、反省が足りないのか「思い」を「言葉」にした瞬間に色や形は損なわれ、その言葉の本来持つエネルギーは失われ、すべてが軽薄になるのです。

謝罪文を書く際は極めて苦心します。まず言葉が出てこないのです。「本当に申し訳ないことをした」という言葉しか出てきません。「何」を「何」と書けばいいのやら、失礼のないように慎重に言葉を選択するのですが、その意識が過剰に働きすぎてかえって不快な思いにさせてしまうような気もします。

水原は同じ時期に、神戸連続児童殺傷事件の加害者の「少年A」の両親が書いた手記『「少年A」この子を生んで……父と母　悔恨の手記』（文藝春秋、一九九九年）を官本で読んだという。我が子の犯した悲惨な事件と向き合うご両親の苦悩を考え続けたが、手記中で幾度か謝罪を述べる箇所についてはとても空虚な印象しか受けなかったらしい。

その手記は私も読んでいる。「少年A」の両親と水原の言葉に違いはあるのか、ないのか。被害者遺族は何かを感じ取るのか。社会にもさまざまな受け取り方があるだろう。

遠い将来に社会復帰をしたとき、水原は遺族をたずねる気になっているだろうか。仮に探しあてたとしても今の水原なら、遺族の前に姿をあらわすことはせず、賠償金だけを支払い続ける努力をするだろう。私はそんな気がする。被害者と被害者遺族に対する贖罪の人生を生きることを願うばかりである。

「仏に逢うては仏を殺し、祖に逢うては祖を殺し、羅漢に逢うては羅漢を殺し、父母に逢うては父母を殺し、親眷に逢うては親眷を殺して、始めて解脱を得、物と拘わらず、透脱自在なり」という言葉が『臨済録』にある。私はこの言葉の「仏」を「贖罪」に置き換えると妙に腑に落ちる。

「仏に逢うては仏を殺す」ように、贖罪を見つけたらそれに満足することなく、否定し、その先を探して生きる。被害者や被害者遺族の喪失や悲嘆を心身に刻み込む営為を、絶対に途切れさせないことである。

『臨済録』のこの言葉を水原に書き送ったことがある。別に禅宗に帰依したほうがいいとすめたわけではない。「贖罪」に逢ったと思ったらその「贖罪」を否定したほうがいいのではないか、と言いたかったのだ。すると「激しく同意した」という主旨の次のような手紙が返ってきた。

生涯を通じて善く生きるということは本当に人間の力を試されます。常に自分と向き合い、是正し、律し、生きることは強大なエネルギーを要します。とても苦しい作業です。日々葛藤し、日々懊悩し、答えのない、まさに無限ループの中を歩み続けます。深い霧の中を手さぐりで歩いていると、ときおり幻影が遠くに像を結びます。そして、その幻影をあたかもうつつのものと盲信し、そこに向かって一心不乱に歩を進めていきます。人は苦悩の中にいるとき、どこかに答えや救いや、よすがを求めます。答えがわかれば苦しみから解放されるから、救いがあれば前を向けるから、よすががあれば心が軽くなるから。

ときどき考えます。俺が贖罪について考えているのは、どこかに答えがあってそれを知りたいからなんじゃないか、と。答えがあれば楽だから、苦しみから解放されるから。

善くあることを当為として、その命題に邁進《まいしん》していても、ほんの刹那その心に影が差すときがあります。人は苦悩と対峙《たいじ》するようにはつくられていません。ＤＮＡは苦しみを避けることを善とします。だから人は快楽を求めます。楽をしたがります。そして逃げます。

自分は今生涯にわたって、想念を、決意を試されているのだと思います。

面会

法務省や刑務所などのホームページには、面会は原則として家族や親族の他、受刑者の会社などの仕事に関する者、社会復帰するために必要な者（雇用主など）、改善更生に資する者という条件がある。

私はどれにもあてはまらない。水原が収監されている刑務所の面会申込書には「友人」と書いた。ただ、「受刑者と面会が必要な事情があり、施設が面会を認めた者、面会を許可するのは刑務所である」という項もあり、私はそれに該当するのではないかと勝手に期待していたのだ。

水原も面会者リストに「登録」しておくことをかなり前から伝えてきていた。ちなみに手紙をやりとりする場合も受刑者が、手紙の発信者を登録しておく必要がある。「はじめに」で触れたが、私は「登録」されていたから、やりとりが可能だった。面会も同様のシステムだと思い込んでいた。

いつ頃に面会に行くと手紙で知らせ、何時間もかけて出向いたのだが、水原とは結局、会えなかった。面会することができなかったのだ。面会札を渡され、待合室で待っていたところ、係官から呼び出され、「この受刑者は長期なので家族以外の面会はできません」とむげもなく断られたのだ。

「では、電話面会はどうなんですか」と聞くと、「同様に長期なので家族以外はできません。手紙なら可能です」と言われた。

これまでの手紙のやりとりの中で水原は、面会を心待ちにしている様子がうかがえた。電話面会をしませんかと書いてきたこともある。私は水原がルールに則《のっと》ってその旨を記していると思い込み出向いたが、水原はそのルールを知らなかった。

それにしても、面会については、「長期」は例外だとは想定外だった。後日、専門家に聞いてみると、面会の是非については刑務所サイドに裁量権があり、たぶん水原も知らされていなかったのだろう。

いろいろ質問をしても事務的に返されるだけなので、面会に来たことを伝えるためにはどうしたらいいかと問うと、本か現金を差し入れるしかないと言われ、持っていたキャッシュを数千円、私は財布から抜き出し、渡す相手の欄に、彼の本名を書いた。

おわりに　受刑者に被害者や被害者遺族の声を交わらせるということ

本書は、被害者遺族の「事件については触れてほしくない」という気持ちを鑑みて、被害者遺族にコンタクトや取材をしていない。また、事件の個別性のある情報や要素の一切を省いている。

そのあたりの事情を説明しておく。

水原と私が文通をしていることは、水原がある用件で被害者の代理人弁護士に手紙を出した折に触れており、遺族の知るところとなっていた。先の「事件については触れてほしくない」という被害者遺族の希望は、代理人弁護士から水原に手紙で届けられた。代理人弁護士は私が水原の起こした事件の詳細を取材・記録するために、水原とやりとりをしているのだろうと推測していることが、その手紙からはうかがうことができたという。

だから私は被害者遺族にコンタクトを取ることはしなかった。ただし、代理人弁護士には伝えようと思った。仮名かつ事件のディティールは一切省くにせよ——つまり事件については触れない——連絡だけはつけたいと思ったのだ。

代理人弁護士への連絡は許諾を求めるものではなく、内容を伝えた上での、あくまで通知である。それでも代理人弁護士、つまりご遺族から何らかのアクションがあれば、対応を考えようと思っていた。

私はまず代理人弁護士の存在を確認しようとした。インターネットには以前と変わらぬ事務所の住所は載っていたが、私はその弁護士とは面識があったから何度か電話をかけた。しかし、この番号は使われていないと告げるアナウンスが流れるだけだった。

調べてもらうと代理人弁護士は弁護士会の登録を抹消していることがわかった。弁護士会に登録がないということは、弁護士活動をしていないということだ。不思議に思い、複数の弁護士に連絡手段をあたってもらった結果、当該の弁護士は亡くなっていたことがわかった。それを知ったとき、私は啞然とした。

すぐに水原にも手紙でそのことを伝えた。返事はすぐに来た。彼も被害者遺族との連絡手段が途絶えてしまったことにひどく落胆をした様子だった。

水原の胸中は、自身を追い詰めるように「罪と贖罪」を考え続けることを止めないできた加害者が抱える懊悩に満たされている。しかし、それを社会に伝えたいという気持ちが私との手紙のやりとりの中でふくらみ、「二次被害」を与えてしまうのではないかという鬼胎と闘いながら細心の注意を払って、私と交わしてきた言葉を社会へ送り出したいという思いになったのだろうと私は思う。

しかし万が一、この本を水原が起こした事件の被害者遺族が読み、もしや「水原」は自分の家族を殺した加害者ではないかといぶかったとき、水原と私は遺族の気持ちを傷つけてしまうのだろうか。「事件」には触れないにせよ、水原が怯えていたように自分の発するあらゆる「言葉」が「二次被害」と受け取られてしまうのか。私にはわからない。

水原の言葉を私が紹介することについて、水原は常にそんなことを懸念していた。繰り返し、同趣旨の不安を書き送ってきた。

　他の事件の被害者、遺族の方々を傷つけてしまうかもしれません。加害者の言葉というのは、自分で思っているよりも、というより考えの及ばないほど非常に鋭利なものだと思います。手紙を書いていて、ふと考えが込み上げてきました。自分の言葉をメディアにのせ、世に発信するという選択は果たしてどうなのだろうか、と。

同感だ。自身の事件の「加害者」のみならず、「加害者」といわれる人々が表現したものすべてが生理的に受け入れることができないという被害者や被害者遺族もいるだろう。プライバシーは侵していない、表現の自由——というお題目だけではかたづけられない、そして飲み込むこともできない、複雑に絡まった糸の塊のようなものが確かにある。ほどけるようなものではない。

ある年の大晦日《おおみそか》に届いた水原からの手紙にこうあった。

年末年始は時節を感じさせる食事や菓子類が出ます。人の命を奪った者として過分な処遇に身に余る思いです。「特別配給の饅頭《まんじゅう》に相好を崩し、うまそうにむしゃぶりついている殺人犯たち。どうして彼らを喜ばせなくてはならないのか。これでは犠牲者は浮かばれないのではないか」。小説の『13階段』の一節が脳裏をよぎりました。

『13階段』（講談社）とは高野和明が二〇〇一年に出版した小説で、死刑囚の失われた「記憶」を蘇らせ、冤罪を晴らすというミステリーである。その役目を負うのは傷害致死罪で人を殺し仮釈放中の青年と、犯罪者の矯正に絶望している刑務官である。

起訴まで長期拘留された人間がむさぼるように読書をした話はよく聞くが、水原も官本を中心に紙の活字を追い、彷徨《ほうこう》するように「贖罪」についての考えを巡らしていったのだろうか。

*

これまで、被害者や被害者遺族が望めば、受刑中の当該事件の加害者や、保護観察中（刑務所や少年院から仮釈放となれば保護観察となる。あるいは保護観察付執行猶予や保護観察処分となる）の加害者とコンタクトを取る方法はゼロではなかった。

本文にも記したが、二〇〇四年に公布された犯罪被害者等基本法や二〇〇五年に策定された犯罪被害者等基本計画に基づいて、二〇〇六年中にいくつかの施策がおこなわれるようになった。

「意見等聴取制度」―これは地方更生保護委員会がおこなう加害者の仮釈放・仮退院の審理において、意見などを述べることができる制度だ。

次に、「心情等伝達制度」―保護観察所の被害者担当官（保護観察所に置かれている被害者専任の保護観察官）が被害者や被害者遺族から心情などを聴取して、保護観察中の加害者に伝えるというもの。被害者専任の保護観察官は被害者や被害者遺族の相談や支援にも関わる。先述のようにあくまでも保護観察中の加害者に限られており、満期出所者にはそれが適用されない。

これも本文で触れたが、検察庁は「被害者等通知制度」を実施し、被害者からの希望を受け、事件の処遇結果、公判日時、裁判の結果、出所情報、加害者の受刑状況を簡略に記したデータなどを伝えてくる。更生分野においても仮釈放や保護観察の状況などの情報を伝える。

制度ができる前はとくに少年事件は罪一等を減じられた場合、被害者遺族は加害者について少年鑑別所や少年院、刑務所の担当者にはたらきかけをすることがあった。遺族が、加害者が受刑中に保護観察所と話し合いを続けたというケースもあった。加害者に悔恨の気持ちは生まれているのか、社会に出た後に賠償金を払い続けるつもりはあるのかなどを特例措置として担当者に伝える。それは絶え間ない被害者遺族からのはたらきかけがあったからこそ実現した稀なケースだ。

一方、受刑中の加害者側からコンタクトする方法は、被害者側の代理人弁護士宛てに手紙を出し、被害者や被害者遺族に転送を依頼するしか方法がない。

＊

しかし、二〇二二（令和四）年六月に可決・成立した「刑法等の一部を改正する法律」で大きな変化を見せることになる。

この改正の目玉は、ＳＮＳなどでの誹謗《ひぼう》中傷対策として侮辱罪（刑法二三一条）に懲役刑を導入、法廷刑の上限が「一年以下の懲役・禁錮」「三〇万円以下の罰金」に引き上げられた。また、身体の拘束をともなう刑のうち、刑務作業を義務づけられている「懲役刑」と、刑務作業を義務づけられていない「禁錮刑」を一本化した「拘禁刑」の創設である。

さらに改正法では、再犯防止の観点から、保護観察中に再び罪を犯した場合でも執行猶予をつけることができるようにし、二回目の執行猶予をつけることができる再犯の量刑を一年以下から二年以下に引き上げた。

そして、保護観察の対象で二回目の執行猶予がついた人への対策を強化するため、保護観察所が、再犯に結びついた要因を的確に分析する。

少年鑑別所に対し、改善に向けた適切な指針を示す「鑑別」について、刑務所などが依頼する対象者を二〇歳以上の受刑者にも拡大する。

受刑者の社会復帰をうながすため、住居や就労先の確保の後押し、適切な医療を受けられるように支援をすることや、拘置所や警察署などで勾留されている人にも、必要に応じて、住まいの確保や就労支援に向けた調整をおこなう規定なども設けられた。

＊

被害者サイドから見ると、改正の「目玉」は変わってくることをご存じだろうか。

第五章でも触れたが、まず、これまでは、被害者等の「心情等伝達制度」は、加害者が保護観察中しか使えなかった。つまりは加害者が社会に戻った後に初めて使うことができるものだった。

しかし、「心情等聴取・伝達制度」となって、受刑中の加害者に対して、被害者や被害者遺族からの被害弁償などの意見を、刑務所のスタッフか、少年院のスタッフなどを通じておこなうことができるようになったのである。この改正（新設）は改正を審議していた法制審議会の議論で、被害者遺族から出された意見が反映されたものだ。

これは刑務所などの施設にも被害者や被害者遺族と向き合わせる役目を、今まで以上に担わせた形なのだが、新聞報道での被害者遺族のコメントにはおおむね賛意が目立った。

しかし、一方で、被害者の話を聴く側の刑務所スタッフにどの程度の知識があるのか、専門家は配置されるのかという懸念も聞かれた。たとえばグリーフワークやトラウマ、ＰＴＳＤ（心的外傷後ストレス障害）についての知見はあるのか――。被害者遺族と加害者がコンタクトをとろうとすることを軽く考えてはいけない、という意見はもっともである。

被害者や被害者遺族に目を向けているように見えるが、結局は加害者の社会復帰や修復的司法の足場に利用するための施策にすぎないのではないか、などという意見は根強い。

結果的に刑務所のやるべきことは増え、人材やそれに合わせたプログラムの作成は急務であろう。二〇二三年の夏に法務省は全国から矯正施設の被害者や被害者遺族の担当となる職員を集め、研修をおこなっている。どんな研修がおこなわれたかは公開されていない。

*

私は実務を担うことになる人物と意見を交換した。それは受刑者へそのまま届けられるのか。どこかの段階ではねられてしまうのか。被害者側の声が届いたかどうか、それを確認する術は準備されているのだろうか。はねられた場合、その理由を説明する義務は刑務所に課されているのだろうか。現在のところ、被害者から聴取した内容は書面にして、被害者に確認をしてから原則としてそのまま伝達される。被害者が望めば伝達の際に加害者が申し述べた内容を結果に添えることができるとされている。二〇二四年三月時点では利用を申請したのは三〇ケースほどだ。この新制度の将来は未知数である。

人は変われると信じたい。

何歳でも可塑性があると思いたい。被害当事者や被害者遺族に対する「贖罪」とは何かを考え抜く初めの一歩となると期待したい。

しかし、それは罪と罰とは別である。

命や人生を奪われた側にとって、結論めいた「贖罪」はないと私は思っている。むろん正解もない。加害者が己にとっての「贖罪」の意味を考えることを止めず、被害者や被害者遺族からの要請に応じていくプロセスに、「殺された側」がかすかな何かを感じるときが、もしかしたらその端緒かもしれない。

長い拘禁生活の中で被害者に対する謝罪の念を片時も忘れず生きようとし、出所したときに待ち受けている大海原のような社会でも「善く生きようとしている」水原紘心の言葉は私を瞠目させた。

第一章にも書いたが、「謝罪」や「贖罪」という言葉を私たちは軽々に使いすぎてきた。とくにメディアはそうだ。耳触りのいい言葉で報道を締めくくってしまえば、「伝えた気」になれる。メディアの末席にいる者として慚愧にたえない。

「償い」の内実、つまり「事件」の被害者や被害者遺族と加害者との長い時間の中で生じることとは、ありとあらゆる想定外の出来事に満ち、被害者や遺族にとってまさに「修羅」の世界である。「償い」の場や時間が、二次被害の温床と化しているのも現実なのである。

懊悩の果てに追いやられ、黒々とした生々しい沼のようなところに足をとられながら、精神をも蝕《むしば》まれる犯罪被害者や被害者遺族。終わりのない「事件」の「その後」を私たちはどれほど想像してきただろうか、いや、できるだろうか。

「贖罪」を扱った文学作品は散見され、秀作には教えられること、考えさせられることが多いが、その大半が起承転結めいた「オチ」がつくフィクション、創作である。実際に起きた事件に「オチ」はない。

*

某日。水原からの手紙の一節。

追伸・「歳を重ねることができることは、いかなる場所にいようとも幸せなことだと思います」との言葉が頭をついて離れません。

私は相手を相手として認め、聞くことだけを淡々と続けてきたような気がする。

水原を更生させようとか、どこかに導こうという気持ちは微塵《みじん》もなかった。彼がこれまでの服役中にためこんだ思いや疑問の塊をただ受け止め、それに対する私の思いや質問を書く。否定も肯定も称賛もしない。
ただ、聞く。そしてただ、答えることができるものには持論を述べる。わからない事柄については正直にわからないと伝えてきた。

この中〔刑務所〕で本当に多くの気づきを得、多くを学びました。被害者やご遺族、自身の家族のことを思うと、もっと早くもっと違う形で気づけていればと悔やむばかりです。社会性や幸福など新たな視座を得て心は大きく揺れており、それが善いことなのか悪いことなのか、必要なものなのか不要なものなのかわかりませんが、自分のしたことの意味を考え、自分の在り方を考察していくつもりです。

ただ、自分が何よりも一番考えなければいけないのは被害者、ご遺族のことです。自分はいったい何をしてしまったのか、人の命を奪うということはどういうことなのかを、被害者がどのような思いをし、ご遺族の方々がどのような思いで一日一日を過ごしているのかを考えなければなりません。何よりもそこを重く見なければならないのです。

思考は深まってきましたが、自分がしたことの意味をどれだけ理解しているかわかりません。人の命を奪った者の生き方を、日々自身に問い、その問いの中で自身の在り方をただしていくつもりです。

したことを思えば自分がこうして生きていることに疑問を覚えますが、生かされていることを理解し、少しでもまともになりたい、善くありたいと思うのです。

克己復礼という言葉があります。これは、己に克って礼儀をふみ行うというものですが、自分はこの礼儀に反省や更生、贖罪を内包し、この言葉を心に留めています。

課題は多いですが、自分のしたことを忘れず、絶えず自分の在り方を問うていきます。

*

粘り強くサポートしてくれた担当編集者の藁谷浩一さんに感謝したい。そしてたびたび相談に乗ってもらった友人の弁護士や専門家諸氏にもお礼を伝えたい。徹底したファクトチェックをしていただいた校閲者の方へも感謝申し上げたい。

もちろん、包み隠さず自身の「罪と罰」と向かい合う、己の心の襞《ひだ》を伝えてくれた水原紘心にも。

奪われた命に合掌し、水原紘心のような犯罪者が生み出されないように、かつての水原のような荒んだ空洞化した精神を抱え持った若者の心に、本書が何らかの形で細い糸のようにつながることを願って、筆をおきたい。

二〇二四年五月　沖縄にて

藤井誠二

藤井誠二（ふじい　せいじ）

一九六五年愛知県生まれ。ノンフィクションライター。少年犯罪について長年にわたって取材・執筆活動をしている。著書に『人を殺してみたかった―愛知県豊川市主婦殺人事件』『少年に奪われた人生―犯罪被害者遺族の闘い』『殺された側の論理―犯罪被害者遺族が望む「罰」と「権利」』『黙秘の壁―名古屋・漫画喫茶女性従業員はなぜ死んだのか』、共著に『死刑のある国ニッポン』（森達也との対談）など多数。

贖罪《しょくざい》　殺《さつ》人《じん》は償《つぐな》えるのか

二〇二四年七月二二日　第一刷発行

集英社新書一二二五B

著者……藤《ふじ》井《い》誠《せい》二《じ》

発行者……樋口尚也

発行所……株式会社集英社

東京都千代田区一ツ橋二-五-一〇　郵便番号一〇一-八〇五〇

電話　〇三-三二三〇-六三九一（編集部）
〇三-三二三〇-六〇八〇（読者係）
〇三-三二三〇-六三九三（販売部）書店専用

装幀……原　研哉

印刷所……大日本印刷株式会社　TOPPAN株式会社

製本所……加藤製本株式会社

定価はカバーに表示してあります。

ISBN 978-4-08-721325-6 C0236

a pilot of wisdom

インド残酷物語 世界一たくましい民　池亀 彩
シンプル思考　里崎智也
韓国カルチャー 隣人の素顔と現在　伊東順子
「それから」の大阪　スズキナオ
ドンキにはなぜペンギンがいるのか　谷頭和希
何が記者を殺すのか 大阪発ドキュメンタリーの現場から　斉加尚代
フィンランド 幸せのメソッド　堀内都喜子
私たちが声を上げるとき アメリカを変えた10の問い　和泉真澄／坂下史子ほか
「黒い雨」訴訟　小山美砂
差別は思いやりでは解決しない　神谷悠一
ファスト教養 10分で答えが欲しい人たち　レジー
非科学主義信仰 揺れるアメリカ社会の現場から　及川 順
おどろきのウクライナ　橋爪大三郎／大澤真幸
対論 1968　笠井 潔／絓 秀実
武器としての国際人権　藤田早苗
小山田圭吾の「いじめ」はいかにつくられたか　片岡大右
クラシックカー屋一代記　涌井清春／金子浩久構成

カオスなSDGs グルっと回せばうんこ色　酒井 敏
「イクメン」を疑え！　関口洋平
差別の教室　藤原章生
ハマのドン 横浜カジノ阻止をめぐる闘いの記録　松原文枝
なぜ豊岡は世界に注目されるのか　中貝宗治
続・韓国カルチャー 描かれた「歴史」と社会の変化　伊東順子
トランスジェンダー入門　周司あきら／高井ゆと里
スポーツの価値　山口 香
「おひとりさまの老後」が危ない！ 介護の転換期に立ち向かう　上野千鶴子／高口光子
男性の性暴力被害　宮﨑浩一／西岡真由美
推す力 人生をかけたアイドル論　中森明夫
正義はどこへ行くのか 映画・アニメで読み解く「ヒーロー」　河野真太郎
さらば東大 越境する知識人の半世紀　吉見俊哉
「断熱が日本を救う」 健康、経済、省エネの切り札　高橋真樹
鈴木邦男の愛国問答　鈴木邦男／白井 聡解説
文章は「形」から読む　阿部公彦
なぜ働いていると本が読めなくなるのか　三宅香帆

集英社新書　好評既刊

ホビー・スポーツ——H

イチローUSA語録　デイヴィッド・シールズ編
チーズの悦楽十二カ月　本間るみ子
両さんと歩く下町　秋本　治
手塚先生、締め切り過ぎてます!　福元一義
食卓は学校である　玉村豊男
オリンピックと商業主義　小川　勝
ラグビーをひもとく　反則でも笛を吹かない理由　李　淳馹
東京オリンピック　「問題」の核心は何か　小川　勝
「野球」の真髄　なぜこのゲームに魅せられるのか　小林信也
勝てる脳、負ける脳　一流アスリートの脳内で起きていること　内田　暁／小林耕太
羽生結弦は助走をしない　高山　真
羽生結弦は捧げていく　高山　真
「地元チーム」がある幸福　スポーツと地方分権　橘木俊詔
ジョコビッチはなぜサーブに時間をかけるのか　鈴木貴男
五輪スタジアム　「祭りの後」に何が残るのか　岡田　功
バーテンダーの流儀　城アラキ
忘れじの外国人レスラー伝　斎藤文彦
MotoGP　最速ライダーの肖像　西村　章
落合博満論　ねじめ正一
猪木と馬場　斎藤文彦
「名コーチ」は教えない　プロ野球新時代の指導論　髙橋安幸
アイスダンスを踊る　宇都宮直子
戦略で読む高校野球　ゴジキ
アントニオ猪木とは何だったのか　入不二基義／香山リカ ほか
スポーツウォッチング　なぜ〈勇気と感動〉は利用されるのか　西村　章
「笑っていいとも!」とその時代　太田省一
読むダンス　ARATA

a pilot of wisdom

ノンフィクション——N

- 妻と最期の十日間　桃井和馬
- 鯨人　石川梵
- ゴーストタウン　チェルノブイリを走る　エレナ・ウラジーミロヴナ・フィラトワ　池田紫・訳
- 笑う、避難所　石巻・明友館136人の記録　頓所直人　写真・名越啓介
- チャングム、イ・サンの監督が語る　韓流時代劇の魅力　イ・ビョンフン
- 女ノマド、一人砂漠に生きる　常見藤代
- 幻の楽器　ヴィオラ・アルタ物語　平野真敏
- 風景は記憶の順にできていく　椎名誠
- 実録　ドイツで決闘した日本人　菅野瑞治也
- 「辺境」の誇り——アメリカ先住民と日本人　鎌田遵
- 奇食珍食　糞便録　椎名誠
- ひらめき教室　「弱者」のための仕事論　松井優征　佐藤オオキ
- 橋を架ける者たち——在日サッカー選手の群像　木村元彦
- ナチスと隕石仏像　SSチベット探検隊とアーリア神話　浜本隆志
- 堕ちた英雄　「独裁者」ムガベの37年　石原孝
- 癒されぬアメリカ　先住民社会を生きる　鎌田遵
- 羽生結弦を生んだ男　都築章一郎の道程　宇都宮直子
- 花ちゃんのサラダ　昭和の思い出日記　南條竹則
- ある北朝鮮テロリストの生と死　証言・ラングーン事件　羅鍾一　永野慎一郎・訳
- 原子の力を解放せよ　戦争に翻弄された核物理学者たち　浜野高宏　新田義貴　海南友子
- ルポ　森のようちえん　SDGs時代の子育てスタイル　おおたとしまさ
- シングルマザー、その後　黒川祥子
- 9つの人生　現代インドの聖なるものを求めて　ウィリアム・ダルリンプル　パロミタ友美・訳
- 財津和夫　人生はひとつ　でも一度じゃない　川上雄三
- ルポ　虐待サバイバー　植原亮太
- スタジオジブリ物語　鈴木敏夫　責任編集
- おかしゅうて、やがてかなしき　映画監督・岡本喜八と戦中派の肖像　前田啓介
- 戦雲《いくさふむ》　要塞化する沖縄、島々の記録　三上智恵
- カレー移民の謎　日本を制覇する「インネパ」　室橋裕和

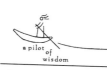